宛字百景——漢字と日本語の結び目をときほぐす

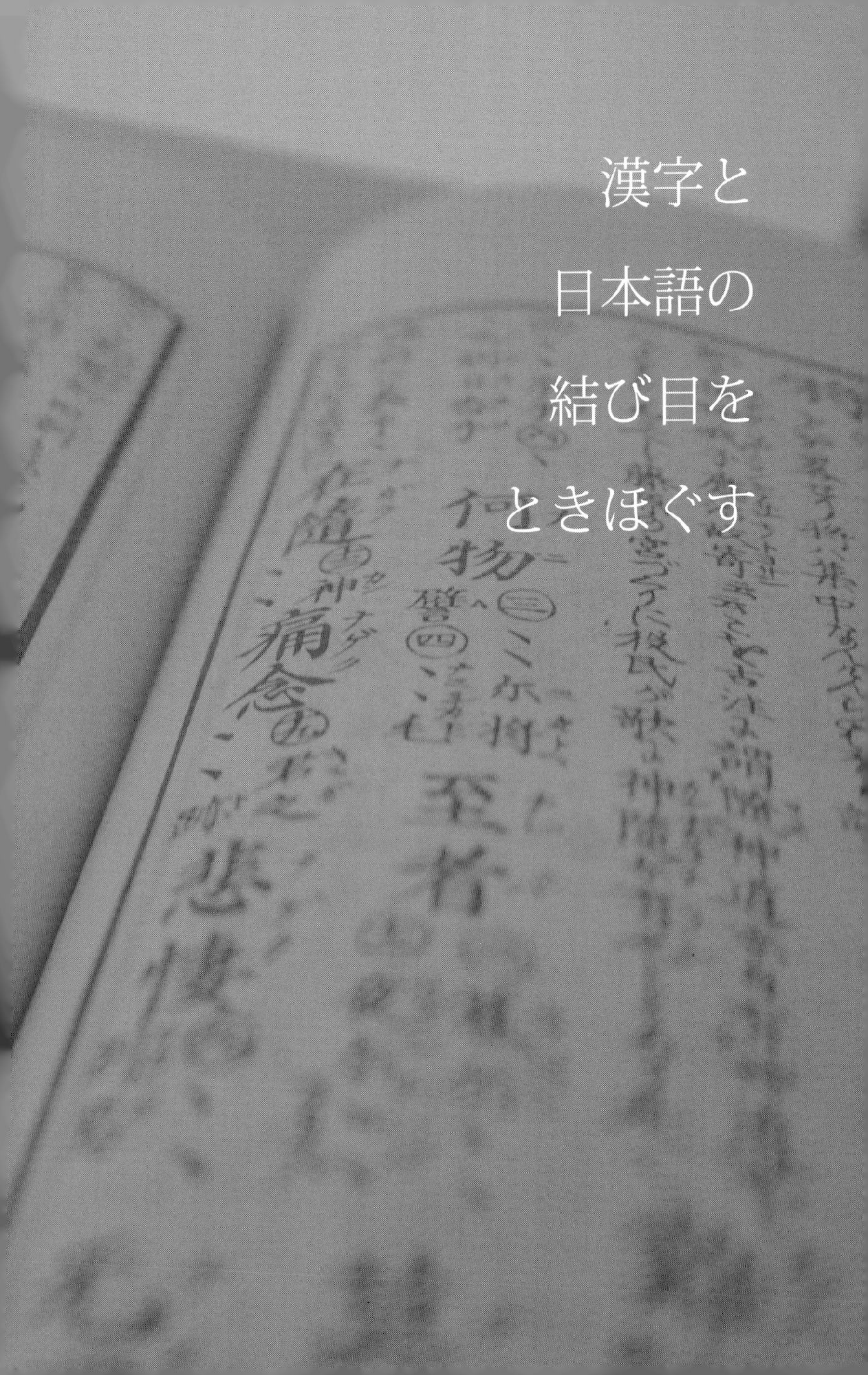

漢字と
日本語の
結び目を
ときほぐす

宛字百景

杉本つとむ
Sugimoto Tutomu

八坂書房

【カバー・扉図版】
春登上人『万葉用字格』（文化12年成、著者架蔵本）

まえがき――日本の漢字とは？

古代の記録に、〈文字ナシ〉とあるように、日本には本来、文字がなく、古代、シナから漢字を借用しました。借用した漢字で日本語をどう活用するか、さまざま工夫し、(a)シナの漢字の本来の意味に関係なく、〈馬鹿・矢張り・床しい・素晴らしい・～折〉などと、日本語にあてて用いました。また、(b)意味内容をよく考えて、日本語にあてました。〈百姓・只管・脳・寂しい・雲雀・白雨・東風〉などと用いました。さらに(c)シナの漢字をよく吟味して、聖徳太子、〈憲法十七条〉の〈憲法〉や、〈天皇・国家・智慧〉のように、ほぼそのまま日本漢語に用いました。さらには、(d)〈大切・飛脚・酸素・血球・遺伝〉など、新しい日本語のため漢語を創作しました。

ただし日本語読み（のちに俗に音よみ・訓よみと分けますが、両者を一つに考え、日本語の〈語音〉という言語学上の術語を用いるべきです）により受け入れました。もちろん、日本には存在しないモノやコトがシナから輸入され、(c)のように、ほぼそのままシナの漢語が日本語に帰化したわけです。〈忠・孝〉など、言葉と思想を学びました。発音は当然、日本語化したわけです。現代語でもシナ語、人民大学《レンミンターシャ》は、日本語ではジンミンダイガクと——ちょうど、英語、radio《レイディオ》をラヂオとしたように——日本語に組み入れ、日本語を豊かにしたわけです。

シナ語では四声というアクセントがあり、現代中国語でマ（ma）という発音の語にも、四声により、〈馬〉をさしたり、〈罵・母（媽）・麻〉などと別語になりますが、そうした点は無視して（日本語は高低のアクセントのみなのです）日本語化したわけです。いうまでもなく、シナ語は言語類型学的に孤立語といい、日本語は膠着語と、それぞれ別々の言語族です。

同じ漢字でも、日本とシナは以上のように別体系の文字として存在します。さらに中身をすこし考えて補っておきますと、たとえば漢字の〈雷・風・取・麗〉を例にしますと、それぞれ、〈神鳴り・かぜ・とる・うるはし（うるわしい）〉と日本語に対応しますが、これらの日本語には、〈雨・虫・耳・鹿〉など、シナ語（漢字）の字源が示す概念はまったく含まれません。

シナの人は、鹿の二つの角がよく整っている姿から〈麗〉の漢字を創作、美しい・うるわしいといった感情表現をこの漢字に托したわけです。一方、日本語の〈ウルハシ〉はおそらく、湿度高い風土とのかかわりもあって、語源的には〈湿《ウル》オウ〉がその本源でしょう。シナの人と日本人と、心情的には重なるところもありましょうが、言葉としては根源的にまったく別の成立です。日本人は漢字を日本語にうまくあうようにすりあわせ、自由に用いたわけです。

どうしてもシナの漢字に求められぬときは、〈働・峠・榊・閊〉などのように、シナの漢字にならって日本人が日本漢字を創作しました。ときには、麻と呂で〈麿〉を創りました。一般にこれを〈国字〉といいますが、本質論をいえば、日本人にとって日本語のための漢字はすべて——

雷も風も取も麗も――国字と考えねばなりません。本書での私の立場もそのとおりです。アメリカもフランスも同じ文字、ＡＢＣのアルファベットを使いますが、書物を意味する言葉は、bookとlivreのように異なっているのに似ています。〈沢山《たくさん》（卓散）・仰山《ぎょうさん》〉などのいわゆる〈宛字〉も、また中世からの〈重箱《じゅうばこ》ヨミ・湯桶《ゆとう》ヨミ〉なども、すべて日本人がシナの漢字を日本語のための文字記号とし、自由に創造的に工夫した用字法によると考えます。決して変則ではないのです。

周知のように日本人は漢字から仮字《かな》を創作しましたが、これもシナの漢字を単にそのまま簡略化したわけではありません。シナの漢字を日本の漢字記号として改変した後に、さらにその日本の漢字の簡略化を工夫して創造したわけです。シナの漢字〈女〉から仮字の〈め・メ〉が創作されたのも、〈乃〉から〈の・ノ〉が創作されたのも、直接にシナの漢字を簡略化したのではないことは自明です（シナの漢字〈女〉にメの音はなく、同じく〈乃〉にノの音はありません）。

古代、万葉集の時代にはまだ仮字は創造されていませんから、いわゆるテニヲハなど、日本語独自の助詞や助動詞にも、〈山賀《ガ》大也《ナリ》〉とか、〈麗《うるはしき》鴨《かも》〉などと（助詞―ガ・カモ／助動詞―ナリ）漢字を用いたわけです。こうして俗に万葉仮字という、独特な漢字使用の世界を創造、〈三三《ミミ》（耳）〉一語をとっても、日本人にとってごく普通の用字でした。

こうした例も含め、代々の人びとの工夫と創造的精神で、仮字が創作され使用されるようになりましたが、そこには単に漢字のみの問題ではなく、日本語とシナ語との根本的相違と真摯に向き合った多くの人びとの努力と研究があったのです。学校の国語教育では、ことに仮字の創造のすばらしさをきちんと教え、日本語への真の愛国心を養うべきでしょう。

＊

さて、本書では、以上のような日本人による漢字使用の工夫の歴史を、より具体的に自覚してもらうべく、一〇八の〈宛字〉を選び出し、それぞれについて、漢字表記の由来と、日本語としての語源とを中心に考察を加えました。

見出しに掲げた一〇八の語については、このような趣旨ですので、あまり〈宛字〉の意味を狭く限定せず、冒頭に紹介した(a)～(d)の四つのケースから幅広く選び、日本漢語の基本的常識を網羅的に身につけられるよう工夫したつもりです。たのしみながら、日本漢字のすばらしい世界を堪能していただけると幸いです。

❖用語〈シナ〉について

本書で、〈China〉を一般呼称として〈シナ〉としました。シナ語は言語学では〈シナ・チベット語族〉に属します。〈支那〉は古く空海の『性霊集』にみますが、シナでは仏典漢訳のときに梵語、〈Thin - Chin〉、古代インド（二世紀ごろ）で、〈China Staana〉とよび、漢訳として、〈震旦、志那、至那、支那〉などと漢字をあてたのが一つの起こりといわれています。China の根源はよくいわれるように、統一国家、秦王朝の〈秦（シン、拼音：Qin）〉を明末滞華イタリア人宣教師が、ギリシャ語、ラテン語に〈Sinae〉とあてて西洋に伝わり、これが China（英語）になったのです。他に梵語では、〈インドからみて遠い辺境の国〉、さらに俗説に梵語の、〈知恵のあるところ〉の意からとも。中華民国建国の父、孫文も〈支那〉と用いており、〈支那〉はごく近いころまで一般的用語です。

結論的にいえば、〈支那〉は外、外来語。〈中国、中華、神州（北京滞在中テレビで）〉などは、内、本国人によります、それぞれの呼称です。ちょうど日本人が、〈日本《ニッポン》、ニホン／和〉（近、現代）と内に唱え、〈ジャパン、Japan ——日本《ジッポン》のシナ語音による〉は外、外国人が呼ぶのと同じです。私は現代シナを、〈現代中国・中国〉と呼んで区別しています。ちなみに、〈ギリシャ、Greece〉も本国人は、〈ヘラス、Hellas〉と自称（内）、古代イタリー人がラテン語、〈グラエキ Graeci＝グラエキ族〉と呼び、ポルトガル語、Gresia（地域を示す）、また英語で Greece といい、日本ではギリシャ（外）と呼ぶことになったのが根源といいます。〈イギリス〉も十五、六世紀、ポルトガル語、イングレス（Inglez(s)、形容詞形）からで、日本ではイギリスと呼び、シナでは漢字、英吉利などと表記したので、略して英国などとしました。本国人は、〈the Commonwealth of Nations＝英連邦〉、国連では、〈the United Kingdom〉と登録。なお、大韓民国（内）も、〈サウス・コリア（外）〉と内外二つに呼称されています。

過去、ことに学術書における言葉など——国家でなく民族、言語系統、史的展望にかかわるゆえに——と関係あるときは、〈シナ〉と用いたいと思います。ブベッ的、差別的意図など私にはさらさらありません。学術上、歴史上の大切な術語として、〈シナ〉を用いています。支那は漢字の魔術であり、〈シナ〉とは別物です。

なお一九四六年（昭和二十一年）、「中華民国の呼称に関する件」で、政府からは、〈支那の呼称を避けるよう〉公的に通達がでています。

宛字百景

目次

043 破落戸 ゴロツキ …… 73
044 雑喉 ザコ …… 75
045 魚軒 サシミ …… 77
046 有繋 サスガ …… 79
047 取次筋斗 シドロモドロ …… 80
048 為似 シニセ …… 82
049 東布 シノノメ …… 83
050 七五三縄 シメナワ …… 84
051 吃逆 シャックリ …… 85
052 心切 シンセツ …… 87
053 捨罪 ステバチ …… 88
054 図法師 ズボシ …… 89
055 角觝 スモウ …… 90
056 躮 セガレ …… 92
057 湾諷 セリフ …… 93
058 紙鳶 タコ …… 95
059 山車 ダシ …… 96
060 厄 タシナミ …… 98
061 単皮 タビ …… 100
062 癡漢 タワケ …… 102
063 鳥渡 チョット …… 103
064 択食 ツワリ …… 105
065 兎角 トカク …… 106
066 桃花鳥 トキ …… 108
067 石花菜 トコロテン …… 109
068 交接 トツグ …… 110
069 波及失 トバッチリ …… 112
070 流眄 ナガシメ …… 114
071 恋水 ナミダ …… 115
072 魚膠 ニベ …… 118
073 若気 ニヤケ …… 118
074 太田道灌 ニワカアメ …… 120
075 家鹿 ネズミ …… 122
076 開豁 ハデ …… 124
077 纏頭 ハナ …… 126
078 鹿尾菜 ヒジキ …… 127
079 大恋 ヒタブル …… 128
080 日南北向 ヒナタボッコ …… 129
081 素見 ヒヤカシ …… 131
082 日和 ヒヨリ …… 132
083 雲脂 フケ …… 133
084 附子 ブス …… 136
085 頁 ページ …… 137
086 巻子繰 ヘソクリ …… 138
087 篦棒 ベラボウ …… 140
088 行厨 ベントウ …… 141
089 母衣 ホロ …… 142
090 老成 マセ …… 144
091 真魚板 マナイタ …… 145
092 肉刺 マメ …… 146
093 歌女 ミミズ …… 148
094 苞苴 ミヤゲ …… 149
095 六借 ムツカシ …… 150
096 無手法 ムテッポウ …… 152

第Ⅰ部

宛字百景

○「産経新聞」に連載の「漢字はてな」（昭和六十一年～六十三年、全三五〇回）より抜萃、ただし各項目とも大幅に加筆しました。また一部新稿を含みます。

001

渠奴

アイツ
aitu

新しい時代を描いた二葉亭四迷の小説、『浮雲』（明治二十年）に、〈渠奴《あいつ》近頃生意気になっていかん〉と〈渠奴《あいつ》〉がみえます。〈渠〉は音がキョ・ゴで、意味はミゾです。戦時中、勤労動員で暗渠《アンキョ》の仕事をした読者もおありでしょう。また〈巨〉と同じようにも用いて、〈渠魁〉というと、大親分といった意味になります。しかし漢和字書には、この字の〈特訓〉として、カレ、キャツ、アイツなどがみえます。〈奴〉と一緒になった熟語でなくても、一字でもカレ、アイツなどと用いるわけです（キャツはカノヤツ→カヤツの訛、アイツはアノヤツ→アヤツ→アイツ、でしょう）。『浮雲』には〈彼奴《あいつ》〉などともみえますが、むしろ明治期の小説には〈彼〉より〈渠〉の方が一般的です。また〈渠〉は明治期には、〈船渠《ドック》〉など英語の宛字にもみえます。

シナの俗語でも〈渠儂《キョドウ》〉で彼の意があり、現代中国でも〈渠《ク》〉の音で彼の意に用いるようですから、〈渠奴《アイツ》〉も古いシナ俗語に淵源します。また、この時代に常用の代名詞からもうひとつ、一人称の〈乃公《オレ》〉を紹介しておきます。『浮雲』に〈同僚の非を数えて「乃公《おれ》は」との自負自讃……〉とみえ、〈乃公《だいこう》自身の影が姿見に写ったのである〉（漱石）とダイコウでも用います。これは〈乃《ナンジ》ノ公《キミ》〉（汝の君＝オレサマと威張った言い方）で、やはりシナの俗語です。しかし明治以降は〈僕〉

〈下僕＝下男〉が主となり、漢字離れも加速して、この種のものは次第に廃されていったわけです。

002 皸 アカギレ akagire

〈稲つけばかかる吾が手をこよひもか殿の若子《わくご》が取りて歎かむ〉（『万葉集』）とうたわれ、古くから働く人を悩ました傷です。寒さにより手足などの皮膚が乾燥し、裂ける状態をいいますが、最古の百科事典『和名抄』には、〈皸　和名、阿加加利《アカカリ》、手足拆裂〉とみえ、〈拆裂《タクレツ》〉ですからひびわれ以上の感覚で古代人は受け取ったのでしょう。ことばとしてはアカカリが古い形で、これはおそらく、右の歌にみえる〈かかる〉（あかぎれする）の名詞形カカリの前に、血の赤もしくは垢の意のアカがついて、アカ＋カカリ→アカカリとなったものでしょう。

中世の国語辞書、『運歩色葉集』に〈胝《アカヽリ》〉、江戸中期の『早引節用集』には〈胝《あかゞり》、胼《同》〉とみえるように、アカカリ→アカガリとなり、さらに母音交替（akagari→akagire）でアカギレとなりました。十九世紀後半のヘボンの辞書でもまだ〈アカガリ・アカギレ〉併記ですから、アカギレは意外に新しい言い方といえそうです。しかし今の若者にはことばも経験も無縁でしょう。

漢字の〈皸《クン》・皹《クン》〉はずばりアカギレ・ヒビの意で、本来は凍傷《シモヤケ》で手足の皮が裂けることをさします。〈胝《チ》・胼《ヘン》〉は皮膚が硬くなった状態をいい、タコとよませることもあります。またシナではほかにアカギレに〈皴《シュン》〉も用います。

003 叭

アクビ
akubi

清少納言の『枕草子』（十一世紀初）に、〈見ならひするもの　あくび〉とあるように、隣の人がアクビするとつい自分も、と、よく車中などでみかける光景です。生理現象の一つですが、夏の疲れだけでなく、長ったらしい講演などでも、かみころすのに苦労させられます。

中世の国語辞書、『運歩色葉集』には、〈欠伸《アクビ》・失欠《同》〉とあります。しかし江戸初期の辞書では〈叭《アクビ》・欠《同》〉とみえ、シナの俗語での用字をあげています。〈叭〉は現代でも永井荷風、『あめりか物語』（明治三十七年）に〈叭《あくび》をやつと呑込で〉などとみえるところです。この〈叭《ハ》〉の字はおそらく〈喇叭《ラッパ》〉でおなじみのはずで、原義は口偏のとおり、声をいい、大きく口を開いたさまといいます。現代中国ではこの漢字を用いず、日本と同じ〈欠伸《キャンシェン》〉です。

江戸中期の辞書、『早引節用集』にも〈欠《あくび》〉とあるように、むしろ〈伸〉なしの〈欠〉の一字でアクビとよませることも多かったようです。〈欠〉は人間のアクビの状態をあらわした象形文字だといわれ、ケツではなくケンと読みます。〈欠欠《ケンケン》〉というとアクビをしているようすを形容するシナ語です。ちなみに〈歌・欲〉なども、この〈欠《ケン》〉（部首）をもつ仲間です。〈欽《ケツ》（缺）〉の略字である〈欠《ケツ》〉と、しっかり区別しておく必要があります。

〈欠伸〉はシナ古典に〈君子、欠伸《ケンシン》〉とあって古いことばです（漢文訓読では〈欠伸ス《アクビノビ》〉とよんだりもします）。〈伸〉は〈申〉でもよく、ノビル、背ノビスルの意をもっています。

004 浅猿

アサマシ
asamasi

人間として見下げ果てたような言動について、アキレカエル、軽蔑スル意をこめて、〈浅猿《アサマシ》〉と表現することがあります。〈浅〉は文字どおり表面的で浮ついた意をあらわすわけですが、〈猿〉のほうはただマシの音に漢字をあてたまで。日本ではサルをマシラとよぶことがあるからで、これは、サルの意の梵語、markata にシナで摩斯咤と漢字をあて、これが日本でマシラと訛ったことによるものです。『古今和歌集』（十世紀初）に〈わびしらにましらな鳴きそ〉（サルよ、さびしそうに鳴いてくれるな）とあって、はやく日本語に帰化した言葉です。〈鉢《ハチ》・瓦《カワラ》〉なども同じ仲間です。

俗に猿は〈人間ニ三本毛ガ足リナイ〉などといったりしますので、いくらか軽侮の意をこめているところもあるのでしょうが、骨格としては、〈宜敷《ヨロシク》〉の〈敷〉などと同じおもむきの漢字用法です。中世の国語辞書、節用集の類には〈浅猿《アサマシ》〉のほかに〈浅墓《アサハカ》・荒猿《アラマシ》・有増《アラマシ》〉などの類例もみえ、同じような発想で、漢字を日本人が自由に用いている様子がうかがえます。島崎藤村なども、〈世にも浅猿《あさまし》い自分本位の人間〉と用いていて、いわば中世以来の漢字用法として現代にまでつづいてもいるわけです。俗に宛字といわれるジャンルですが、〈味方（御方が本来）・奥床しい〉などと同様、日本人独自の漢字用法の一つで、正統で巧みな日本人の漢字による造語の営みです。

005

四阿

アズ〔ツ〕マヤ
azumaya

『岩波古語辞典』に〈東国風の粗末な家〉と説明していますが、東国は文化低いところという偏見による誤った解説です。〈四《シ》阿《ア》〉は古いシナ語で、『周礼』に殷代の宮殿をさして〈四阿重屋〉とみえます。日本最古の事典、『和名抄』でも、〈唐令ニ云フ、宮殿皆四阿 和名、阿豆万夜《アヅマヤ》〉と註記し、やはり〈四阿〉を宮殿と結びつけています。〈阿〉は本来、棟・簷（軒）のことで、〈四阿〉は四つの棟、四方に広がる軒をもつ建物の造りをいいました。つまりどちらかというと、華やかなシナ風屋根をもつ建物をさしたわけです。

一方、日本語のアヅマヤも、語としては〈阿《ア》・ツ・真屋《マヤ》〉の構成で、阿《ア》のある建物ということです。マヤは正式には〈両下《マヤ》〉で、屋根が両側に垂れ下がる切妻造のような構造の建物をいいますので、語源的にはシナの〈四阿〉とさほどへだたりなく、大局的にみて四つの阿《ムネ》をもつ造り、というところは共通です。この点、十六世紀来日の吉利支丹伴天連も〈Azzumaya. アヅマヤ 屋根の傾斜面の四つある家〉（『日葡辞書』）と明快な記録を残してくれています。

しかし現代の日本では、〈四阿《アズマヤ》〉というと、庭園などにみられる、ごく簡素で趣きある建物をさすようになりました（これらはかつて〈亭《テイ・チン》／あばらや〉とよばれていました。右図参照）。語の本来の意味と大きくずれてしまっていますが、四つの軒（柱）をもつという点だけはかろうじて共通しています。〈四阿屋《アズマヤ》・小亭《アズマヤ》・東屋《アズマヤ》〉などともあてますが、最後の〈東屋《アズマヤ》〉は、鄙びた建物をさすのに、東国を夷《えびす》の地と軽んじる都人の驕慢を反映させた用字でしょう。

『訓蒙図彙』（寛文６年叙）より
〈屋〉と〈亭〉
前者には〈わづまや／四阿屋〉もみえる

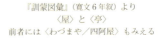

ともあれ本源としては、アズマヤは中華風、寺院風の華やかな建物。これに対し、純日本風は神社のような屋根に千木《チギ》をもった建物というわけです。

006 菊石

アバタ
abata

俗に恋人同士はアバタもエクボといいます。エクボは今風にいえばチャームポイントの一つでしょう。文字どおり笑凹《エクボ》で笑ってできるクボミです。中世の国語辞書、『運歩色葉集』に、〈靨《エクボ》〉とみえ、中世歌謡でも、愛する人の〈えくぼのなかへ身を投げばや〉（『閑吟集』）などとうたっています。それにひきかえ、〈痘痕《アバタ》〉——天然痘（古くは〈天花〉などとも）が治癒したのちに残る皮膚のあと——のほうは、右の喩えでもそうですが、かなり損な役回りのようです。

アバタは、古代インドの言葉、梵語のアルブタ（arbuda）から出たことば。仏教とともに古代に来日しました。仏教には八寒地獄など、いろいろの地獄がありますが、その一つが頞部陀《アルブタ》地獄です。俗に寒いと鳥肌が立つという、あの現象に苦しめられるところです。

ただし仏教が古く伝えられたにしては、アバタの語がみえるのは江戸期になってからで、実例にとぼしいところがあります。明治期になって、漱石、『吾輩は猫である』に〈主人は痘痕面《あばたづら》である〉、樋口一葉『たけくらべ』に、〈痘痕《あばた》と湿《しつ》つかきは大嫌ひ〉など、しばしばみかけるようになります。後者には直前に〈煎餅やのお福のやうな痘痕《みっちゃ》づらや……〉とミッチャもみえますが、むしろ江戸時代以前はこちらのほうが一般的でした。また鷗外は、〈家従どもは大抵菊石《あばた》であったり〉（『ヰタ・セクスアリス』）と、アバタに〈菊石〉をあて、徳富蘆花『自然と人生』にも〈菊石《あばた》〉がみえます。これは〈菊石（アンモナイト）〉の形状がアバタに似ているところからで、やはり伝統的な用字の一つです。

さかのぼって十七世紀半ばごろ、西鶴、『懐硯』〈人の花散疱瘡《ちるはうそう》の山〉の一話に、〈疱瘡面《はうそうおもて》に顕《あらは》れ……疱乾《いもかせ》て……其跡は菊石《みっちゃ》大かたならず〉とホウソウ・イモ、それに先のミッチャも、〈菊石《ミッチャ》〉の表記でみえます。江戸時代の国語辞書に〈痘瘡《イモガサ》・皰瘡《モガサ》〉、また江戸中期の百科事典『和漢三才図会』をみても、〈痘痕みっちゃ……和名、裳瘡《モカサ》・芋瘡《イモカサ》〉とあって、やはりアバタよりも、ホウソウ・イモガサ（モガサ・イモとも）・ミッチャが一般的だったようです。イモガサは〈面《オモ》かさ〉のオモが母音交替でオモ→イモとなったものですが、おそらく治癒したあとの状態が、山芋か里芋の類を連想させるところもあったのでしょう。〈ミッチャ面《ヅラ》〉はわたし自身も子どものころ耳にした覚えがあります。ほかに横浜方言で、ジャンカともいったのではないでしょうか。

今は地球上から根絶されたという天然痘ですが、江戸時代後期、牛痘接種をはじめて日本の地に紹介、撲滅に向けての第一歩をしるしたのは蘭通詞、馬場貞由（佐十郎）でした。ジェンナーの牛痘接種書をロシア語から翻訳した『遁花秘訣』（文政三年・一八二〇成）がそれです。

007

浮雲

アブナイ（シ）
abunai

明治の文学界を牽引した作家、坪内逍遙の作品に、〈堅固で丈夫さうなものが存外に浮雲《あぶない》〉（『此処やかしこ』）と、〈浮雲《アブナイ》〉がみえます。他の作家、黒岩涙香の『鉄仮面』などにも、〈尓《さ》は云へ斯《かか》る浮雲《あぶな》き場合〉など、浮雲でアブナイ・アブナシと訴える用字法がみえ、必ずしも特殊な例ではないのです。

さらにさかのぼって江戸の戯作者、井原西鶴の小説などにも、ごく普通に〈浮雲《あぶなし》〉がみえます（『日本永代蔵』、ほかに〈雲踏《あぶなし》〉などとも）。したがって、〈浮雲《アブナイ》〉は二百年余も常用の用字というわけです。浮いている雲を踏むとアブナイ、落下してしまう、とでも解したものでしょうか。明治期にはいって近代文学の先駆といわれた二葉亭四迷の小説、『浮雲』もその内容、ストーリーからして、タイトルにこの伝統的〈浮雲《あぶなし》〉（不運《フウン》とも通じる）の思想を底流させているものと思われます。

おそらく本源は、『論語』に〈富貴ハ吾ニオイテ浮《ウカ》ベル雲ノゴトシ〉と、譬えとして〈浮雲〉がみえる点で、四迷の創作意図も、これを踏まえての日本伝統の掛詞《かけことば》というレトリックかと思われます。森鷗外の『雁《ガン》』が、〈かりがね＝借り金〉の大和詞《やまとことば》を重ねてストーリーを暗示しているのと似た仕掛けでしょう。

008

天探女

アマノジャク
amanozyaku

わざと人の言行にさからう人、またそのような行為。〈天邪鬼《アマノジャク》〉（アマノジャキとも）とあてることが多いようです。仏像などで仁王が踏みつける小悪鬼や、毘沙門天が足下にねじ伏せる女もこう呼ばれます。この場合は人間の煩悩の象徴、といった意味合いが強いようです。また日本の昔話などで、口まねをして人をからかったりする妖怪に、この名で登場するものもあります。

しかし仏教色がつよいことばのようでいて、根源は意外にも日本古来の女神にさかのぼります。『古事記』（八世紀）、〈葦原ノ中国平定〉に出てくる〈天佐具売《アマノサグメ》〉＝〈天探女《アマノサグメ》〉がそれです。出雲平定の天命にそむいた天稚彦《アメノワカヒコ》（天若日子）に、高天原から遣わした雉《キギス》（鳴女《ナクメ》）を射殺させた、邪心ある女神です。人の心のうちを探りだす力をもち、己の思うままに人を操ることができたといいます。おそらくこの日本的なアマノサグメに、仏教的な要素が重なり混ざりあってできたのが現在のアマノジャク、ということなのでしょう。

江戸の国学者は、〈あまのざこ　神代紀に見えたる天探女のことをかくいへり、それを転じて両金剛のふまへたる小悪鬼を謬《あやま》り呼ぶなりと……されば天の邪鬼の転ぜる語也ともいへり〉（『倭訓栞』）と考証しています。アマノジャコ（アマノザコ）、アマノジャキ→アマノジャクが並びおこなわれ、結局アマノジャクが定着しました。

明治以降、鷗外に〈天探女《あまのじゃく》だなあ。好いわ。どこへでも連れて行け〉(『ファウスト』)、漱石に〈天《あま》探女《のじゃく》でしょう。叔父さんはあれが道楽なのよ〉(『吾輩は猫である』)、〈鶏の鳴く真似をしたものは天探女《あまのじゃく》である〉(『夢十夜』)、長与善郎に〈天探女《あまのじゃく》な人情の理は又天地自然の……〉(『竹沢先生と云ふ人』)などの用例を拾うことができます。ただし漱石の『夢十夜』はみずからの夢を語る幻想的内容ですから、同列に扱ってよいものかどうかいささか迷うところです。

009 年魚 アユ ayu

俳句では若鮎・小鮎といえば春、ただ鮎では夏、落鮎・渋鮎《サビ》では秋と区別しています。外国ではこうした区別など絶無で、日本文化そのものでしょう。落鮎は産卵後、流れにしたがって下り、やがて死ぬ鮎ですが、これを梁《ヤナ》でつかまえるのです。味はおちます。渋鮎は夏に背に淡斑《ウスマダラ》が出、刀の錆《サビ》のようなので、こうよびます。落鮎の寸前の状態です。

アユは寿命が一年なので、『万葉集三』に〈桜田へ鶴鳴き渡る年魚《アユ》市潟《チガタ》潮干にけらし鶴鳴き渡る〉とみえるように、日本では古代から〈年魚《アユ》〉とあてます。芳香をもつので〈香魚《アユ》〉とも書きます。もちろん〈鮎〉とも使いますが、この字は漢和字書やシナ語字典では、ヒゲの長いナマズ(ヅ)

のことを指しています。日本では〈年《ネン》〉と〈鮎《ネン》〉と音がほぼ一致するので、〈年魚〉に代えて〈鮎〉をも用い、ナマズにはその代わりに、古くは〈鮎《ナマヅ》〉、のちに〈鯰《ナマヅ》〉の和字を創作しました。〈鯛《タイ》〉も日本では祝い魚ですが、シナでは〈鯛《チョウ》〉は魚の骨がもろいさまを示します。日中の異同には注意したいと思います。

　蛇足ながら、右に引いた『万葉集』の〈年魚市潟《アユチガタ》〉は現在の名古屋市南区にあった干潟で、一説にこの〈アユチ〉が〈アイチ〉に転じ、これに〈愛知〉とあてたのが県名の由来といわれます。

010 石決明

［八］アワビ awabi

古くは鰒《フク》――『万葉集十一』に〈鰒《あはび》の貝の独念《かたおもひ》にして〉とみえます――、ついで鮑《ホウ》、さらに石《セキ》決明《ケツメイ》がアワビの一般的用字です。鰒はアワビの小型のトコブシにあてるのが正しいようです。石決明とはシナの本草書に、〈コレヲ食スルト心、目サワヤカトナリ、マタ海中ノ石ニ生ズル〉とみえます。石は生息の場所、決明は食しての効用からというわけです。日本人もこの用字を愛用しました。

　右で引いた『万葉集』の歌にもあるとおり、古代から磯《イソ》ノアワビノ片思イといいますが、俗にアワビが一枚貝で、いわばヒラキッパナシ、アサリやハマグリなどの二枚貝とちがってアワさらないところからの名と解しています。真偽不明です。また江戸時代の産物誌に、〈石決明〉に生じる〈マルカラズ長ウシテ緑色ノ伊勢真珠〉を、アコヤ貝にできる真珠とは区別して特に珍と紹介しています。

真珠は、古くは〈白玉《しらたま》〉、またところにより〈鰒玉《あわびたま》〉ともよびました（『魚鑑』）。小学生のころ、国語読本に御木本《みきもと》幸吉の伊勢での真珠養殖の苦心談とその成功譚がのっていて、強く感銘を受けたことを覚えています。

011

塩梅

アンバイ
anbai

文字どおり、塩と梅（梅酢）など料理での味加減にかかわる点が原義です。しかし、風呂ノ塩梅（わき具合）とかオ体《カラダ》ノ塩梅ハ?など、広く物事の加減や身体の調子についてもいうようになりました。最古の国語辞書、『和名抄』では、〈飲食部〉の調味料全般を扱うくだりが〈塩梅類〉と名づけられ、冒頭に、シナ古典〈尚書説命篇〉の〈若作和羹爾惟塩梅〉が典拠と示されています。若《も》し私が和羹《ワコウ》（おいしい具だくさんの吸物）を作ろうとするなら、塩梅《エンバイ》をととのえるのが爾《なんじ》の役割、と主君を補佐する宰相の役割を説く一節で、シナでもはやくから譬喩的用法で用いていたことがうかがえます。

中世のお伽草子の一つ、『鼠草子《ねずみのそうし》』（十五世紀ごろ）に、〈料理の塩梅上手《あんばいじやうず》にて候〉などとあり、十六世紀来日の吉利支丹の記録に〈Ambai. アムバイ／yembai. エムバイ　料理加減〉（『日葡辞書』）とみえますので、おそらくはこのころに、本来別語であった〈按排《アンバイ》〉（按配・案配などとも、ほどよく配置するの意）などと混線して、エンバイ→アンバイとなったのでしょう。

明治以降は、〈割烹《かつぽう》の法を得、塩梅《あんばい》の術を尽さば、豈憂《あにうれ》ひ悲《かな》むことあらん哉〉（『安愚楽鍋』）、〈あの格子戸を開けてずつと這入つて行つたら、どんな塩梅《あんばい》だらう〉（森鷗外『雁』）などとみえる一方で、〈様子《あんばい》〉のようにも用いられ、本来の用字は影が薄くなりがちです。しかし右のとおり、一見したところ宛字のような〈塩梅〉の表記こそが、実はこのコトバの本源です。

〈塩〉は本字、〈鹽〉と複雑な字です。これは海水から塩田でつくられた海のシオを指しました。略字の〈塩〉が土偏なのは、シナでは岩塩を多く用いた証拠でもあろうかと思います。

〈ウメ〉はシナ語、梅《メイ》の音がそのまま日本語に帰化したもので、絹《ケン》→キヌも同じ。一種の日本語訛りです。

012

五十日太

イカダ
ikada

姓の中には読みにくいものがすくなくありません。〈五十嵐〉などはまだ序の口でしょうが、しかしどうしてこれをイガラシとよむのでしょう。〈五十〉はゴジュウ、〈嵐〉はランかアラシですからゴジュウアラシ／ゴジュウランとしかよめません……。

もっとも、〈一《ヒ》、二《フ》、三《ミ》、四《ヨ》、五《イ》、六《ム》……〉と数をかぞえますし、十《トオ》は、〈十《ソ》露《ロ》盤《バン》〉や〈三《ミ》十《ソ》路《ヂ》〉など純なる日本語では、〈ソ〉ともよみます。したがって〈イソアラシ〉とはよめそうですが、それでもまだイガラシとはへだたりがあります。

実は古くは〈五〉だけでなく〈五十〉でもイとよみました。『万葉集』に筏（桴）を〈五十《イ》日《カ》太《ダ》〉がみえます（日は三日《ミッカ》、五日《イツカ》など日《カ》がふつうです）し、伊勢神宮のほとりを流れる〈五十《イ》鈴川《スズガワ》〉の例など、古代が現代に伝流している証拠です。そこで〈五十《イ》嵐《アラシ》〉も可能ということになります。

iarasi《イアラシ》とigarasi《イガラシ》と、ローマ字で書くとg音がはさみこまれているかどうかの違いです。これに似た現象としてたとえば、〈春雨《ハルサメ》〉があり、haruame《ハルアメ》→harusame《ハルサメ》のように、s音がはさみこまれています。このほうが発音しやすいわけです。いずれも共通する点は、i《イ》とa《ア》、u《ウ》とa《ア》の母音の並列で、日本語はこういう母音の並ぶのをきらうコトバなのです。そこでイアラシではなくイガラシとなったのでしょう。ただし別の可能性として、〈イ・ガ・アラシ〉（ガは〈君が代〉のガと同じ）の略で、igaarasi→igarasiとなったとの説も考慮に入れておくべきかもしれません。

なお数詞の〈一と二〉、〈三と六〉、〈四と八〉を比較しますと、ヒとフ（fiとfu）、ミとム（miとmu）、ヨとヤ（yoとya）のように、母音の交替（i《イ》とu《ウ》／o《オ》とa《ア》）で、いずれも倍数関係となっています。こうした数詞の特徴は、日本語がウラル・アルタイ語、特にアルタイ語系に属すること、つまりモンゴル語や朝鮮語と同じ仲間であることの証拠でもあります。

013

一口坂

イモアライザカ
imoaraizaka

東京、九段に近い出版社の人と話をしていたところ、〈ヒトクチザカの近くなので……〉と口をついた地名がふと気になりました。それはイモアライザカとよぶのでは？　とマッタをかけたわけです。今はヒトクチザカとなってしまいましたが、すこし古い江戸の地図には、きちんと一口坂にイモアライザカの読みが出ています。十五世紀成立の国語辞書、『下学集』にも、〈一口《イモアライ》〉とみえます。当時、京都で出版されたものですから、まちがいなく都の人はこうよんだのでしょう。

本来、京都の地名で、三方が沼、一か所だけ水の流れる口があって、そこでよく芋などを洗っていたので、一口と書いてイモアライとなったわけです。そこはむかしむかし、久米の仙人が女の白い脚を一見して神通力を失った場所でもあるそうです。また一説に、江戸～東京の〈一口《イモアライ》〉は、疱瘡（天然痘）よけのため、京都伏見一口の里の疱瘡神を江戸城内に勧請したのがはじめともいいます。神田駿河台、淡路坂上の〈一口稲荷《イモアライイナリ》〉や、六本木交差点の近くの〈芋洗坂《イモアライザカ》〉もまたその名残りでしょうか。イモとは疱瘡、アバタの俗称でもありました（→菊石《アバタ》）。

014

文身

イレズミ
irezumi

鎌倉の街角で若い米兵に道をたずねられました。まだ十九歳、故郷を思う話をし、これから大仏を見物に行くといいます。腕のイレズミが目にはいりました。

シナの史書、『魏志倭人伝』には、倭《ワ》（日本の古名）の〈男子……皆黥面文身〉とあります。当時の日本には、顔に〈黥《ゲイ》〉、カラダに〈文《ブン》〉――いずれもイレズミでしょう――を入れる習俗をもつ人びとが住んでいたというわけです。〈黥〉は江戸初期の国語辞書に〈黥《イレズミ》〉、中期の『早引節用集』なども同様で、日本でもながくイレズミのよみで用いてきた字のひとつです。〈文身《ブンシン》〉もシナでの用例にならって、やはりイレズミで用います。ほかに〈刺青《イレズミ》〉などともあて、現代ではこれが一般的のようです。谷崎潤一郎の小説『刺青』（明治四十三年）も（シセイと読ませるようですが）、傑作としてよく知られるところでしょう。

右のとおり、古くからの習俗であると同時に、刑罰のひとつ、罪人のしるしでもあったわけですが、江戸時代の宛字辞典ともいうべき『大字類苑』（文久三年・一八六三成）は、この点に着目して用字を整理分類、〈○黥《イレズミ》 面文、墨刑、黥剠 並ニ刑ノ名文身ト混スヘカラス／○文身《イレボクロ》 イレズミトモ云 劄青、劄刺、刺青、刺字、刺龍〉と解説しています。江戸後期の俗語を網羅した『俚言集覧』にも、〈いれずみ、ほ

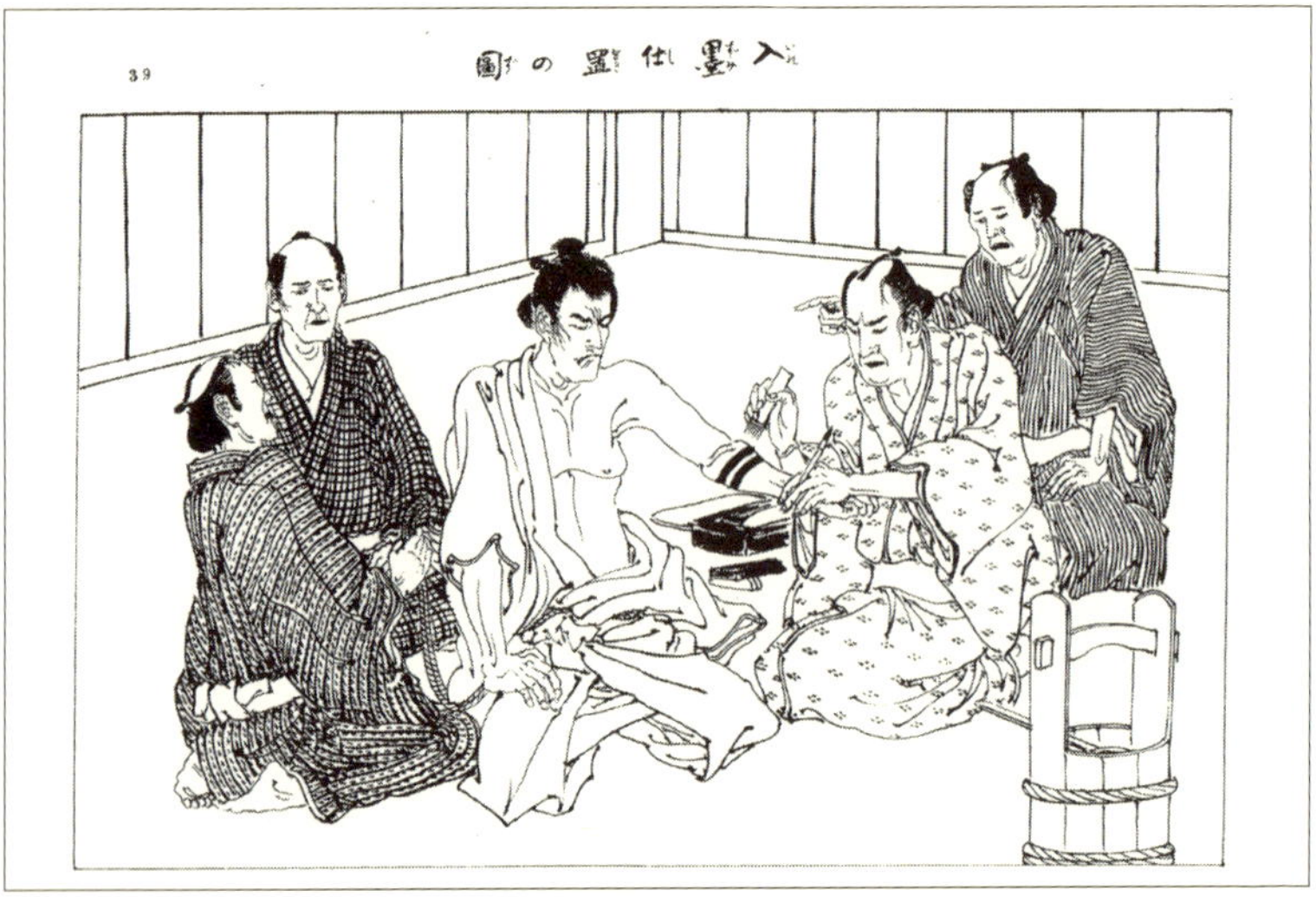

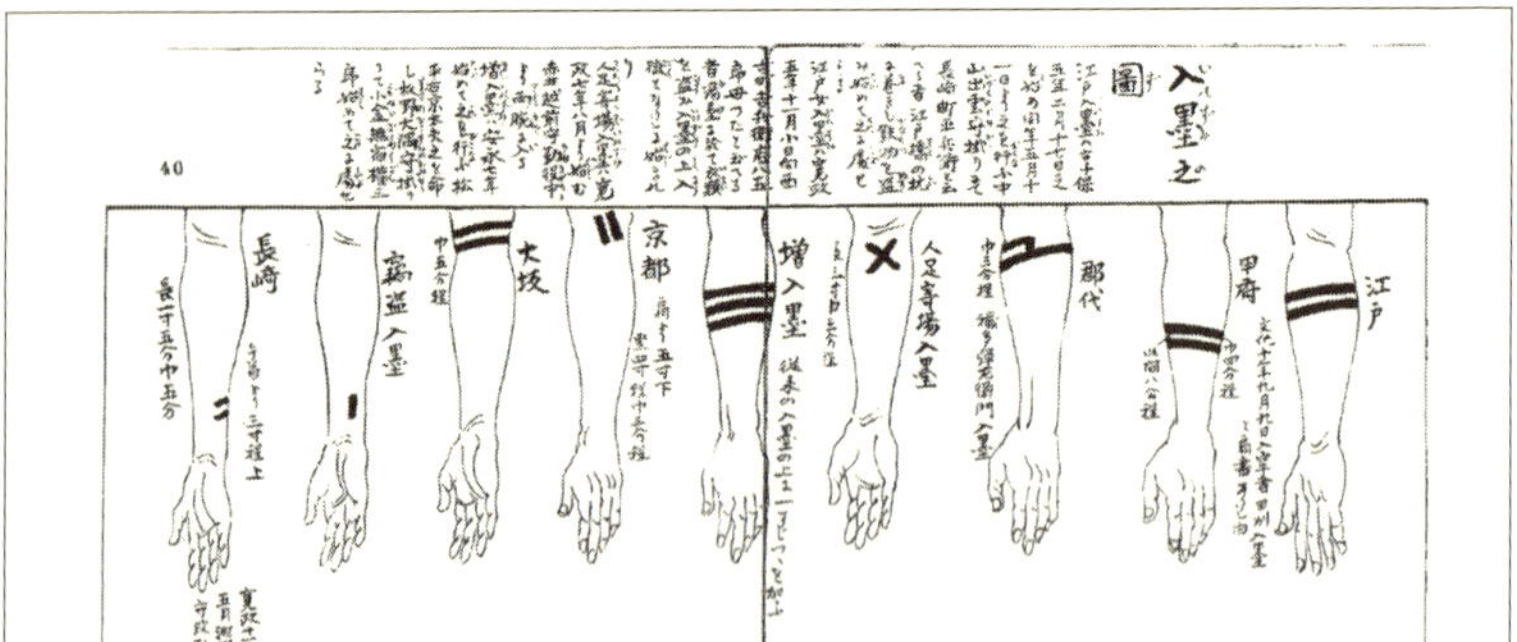

〈入墨仕置の図／入墨之図〉
藤田新太郎『徳川幕府刑事図譜』（明治26年）

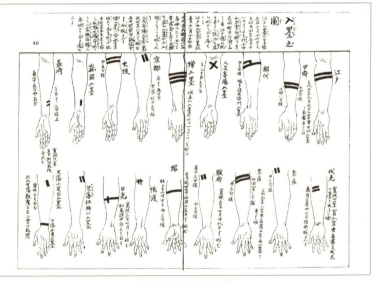

りもの、刑の黥《イレズミ》とは別なり（中略）市人の勇壮を示すもの、するわざ也〉とあり、大筋においては妥当な線引きといえそうです。

イレボクロは遊里から出たことばです。西鶴、『万の文反古五』に、〈かたさま〔アナタサマ〕の年の数、二十七までの入れぼくろ〉とか、人情本、『春色辰巳園』に、〈たがひに彫つた入ぼくろ〉などとみえるように、遊女と情人が互いの真情を示すのに腕に彫りものをしたのが発祥といわれます。やがて広くイレズミの意でも用いられました。鎌倉で出会った米兵のそれなども、おそらくは〈勇壮を示すもの〉とて、〈黥《イレズミ》〉よりは〈文身《イレボクロ》〉に近いものだったのでしょう。

015 一二三

ウタタネ
utatane

〈一二三〉はヒフミの人名でもおなじみですが、ここは少しひねって、小野小町ゆかりの（?）読みのほうを紹介しておきます。香道の組香（香りを聞き分ける遊び）の一つに〈一二三香〉があります。小町の歌〈うたたねに恋ひしき人を見てしより夢てふものはたのみそめてき〉をコンセプト（証歌）にしたものの由で、〈うたたね香〉とよみます。〈一二三〉を〈うたたね〉とよんでいるわけです。

これは中世後期の国語辞書、『運歩色葉集』に〈仮寐《ウタヽネ》・転寐《ウタヽネ》・一二三《ウタヽネ》／寝《ウタヽネ》〉とみえ、西鶴も〈一《ウ》二寝《タタネ》〉と用いていますので、香道にかぎらず伝統的な用字です。〈一二三〉はごく短い時間をいい、ほんのいっときの仮寝、というわけなのでしょう。一方、鎌倉時代の僧、日蓮の手紙には〈一二《ツマビラカ》〉（詳細）などともみえ、日本語の一、二、三はなかなかの曲者です。

ウタタネはウタタ・ネで、ウタタはウテタ、ウトマシと同根語。語形としてはウタを重ねてウタウタ→ウタタとなったもので、場所・ことがら・心などが定まらぬこと、がその本質です。わが愛用の『国語新辞典』（研究社）は〈転《うた》た寝《ね》〉を現代の標準的な表記としています。漢字〈仮・転〉をあてるのはぴったりでしょう。

このウタはまた、〈泡沫〉とあてる〈ウタカタ〉のウタとも同根です。こちらは相つぐ天災と人生の無常を嘆きつつ閑居の日々をすごした鴨長明の名著、『方丈記』（十三世紀初）の冒頭が自然と頭に浮かびます。現存の自筆本（国宝として大福光寺に秘蔵）のとおりに書き写してみます。〈ユク河ノナカレハタエスシテシカモ、トノ水ニアラスヨトミニウカフウタカタハカツキエカツムスヒテヒサシクト、マリタルタメシナシ〉。この時代は片仮字文での古典復活が一般的でした。〈ウタカタ〉のカタは形・相、つまり、よどみの浮かんでは消え、消えては浮かびあがる泡そのものをさすのでしょう。

016

梲

ウダツ
udatu

なかなか芽がでない、運がむかず下積みのままである、といった意味あいで〈ウダツがあがらぬ〉といいますが、その〈梲《ウダツ》〉とは、梁の上に立てて棟木を支える短い柱のことです（正式にはウダチ）。これが〈あがる〉というのは、新築の建前を〈上棟式〉というように、棟木があがる、すなわち家が建つことを意味したわけです。そこから社会的に一人前になる、出世する、という含みで用いられました。

〈梲〉は日本では正倉院文書（八世紀）にもみえ、古くからの用字です。最古の百科事典、『和名抄』に〈梲 和名、宇太知《ウダチ》〉とウダチの語形でみえ、中世の国語辞書、『下学集』（文安元年・一四四四成）に〈杭《ウダチ》〉、『易林本小山板節用集』（慶長十五年・一五五五刊）でも、〈宇立《ウダチ》、蜀柱《同》〉とまだウダチです（〈宇立〉は俗字）。ウダツは江戸後期の人情本、『珍説豹之巻』（文政十年・一八二七）に、〈憂き中に宇立《うだつ》の揚《あが》る瀬はあるまじ〉と慣用句でみえ、こちらは江戸語のようです。

〈梲《セイ》〉は古典シナ語でも梁上の短柱をさし、ほぼウダツと同内容でしょう（ほかに〈大きな杖〉の意もあります）。別に〈楶《セツ》〉もウダツの意で用いますが、こちらは〈ますがた〉の意にもなります。また〈楶梲《セッセイ》之材（才）〉というと、〈棟梁〉をつとめる力量のない小才、小人物の譬《たと》えです。

一方関西でいう〈卯達《ウダツ》〉は、自分の土地に自分の家を建てたしるしに、隣家との屋根の境に一段高くこしらえた土塀のような仕切りのことです。一説に、〈ウダツがあがらぬ〉はこちらのウダツをさすともいい、たしかにこれも一人前の社会人として認められた証明にはなりそうです。しかし関東・江戸での用語例が主としてみられる点、やはり語としては関西の〈卯達〉よりも、〈梲・宇立〉にかかわるとみるのが妥当でしょう。

017 団

ウチワ〔八〕 utiwa

俳聖、芭蕉がよく口にした四字熟語に、〈夏炉冬扇《カロトウセン》〉があります。夏の炉端や冬の扇《オウギ》、役に立たないもののたとえで、根源はシナ古典、『論衡《ロンコウ》』の、〈以レ夏進レ炉、以レ冬奏レ扇〉からです。

ウチワはオウギにくらべどこか庶民的な印象で、俳句にもこちらのほうがよく似合いそうですが、ことばとしては古く、古代物語に〈あなわびしや、いと暑しとの給へばうちはもまゐらせ〉（『宇津保物語』）と〈ウチハ〉をつかう場面があります。また最古の百科事典、『和名抄』にも〈団扇〉で〈和名ウチハ〉とみえます。

ただし今のような竹骨・紙張りの庶民的なウチワがつくられるようになったのは、室町時代末期以降のことといいます。それに対応するように、中世の国語辞書『下学集』に〈団扇《ウチワ》〉、江戸初期のものには〈団《ウチワ》 本名団扇《ダンセン》〉、江戸中期の『早引節用集』に〈団《ウチワ》〉と、ごく日常の用語として紹介されています。また芭蕉の弟子、其角の句に〈紅《くれなひ》に団《うちは》のふさのにほひかな〉、蕪村の句にも〈手すさびの団絵《うちはゑ》かゝん草の汁〉などとあって、このころは〈団扇〉と並んで、〈扇〉なしの〈団〉だけでも、ウチワとよませたようです。

古くウチハと書くように、語源は虫などを打チハラウところから、もしくは〈打《ウ》チ羽《ハ》〉からともいわれます。〈団扇《ダンセン》〉はシナ由来の用字ですが（現代中国語も同じ）、〈団〉の字は、〈団子《ダンゴ》・団栗《ドングリ》〉と同様、円いかたちをあらわすものでしょう。

一方、オウギ（古形アフギ）は、アオグと同根のことばですから、風を送る道具という意味では、こちらのほうがよくかなっていますし、広い意味では、ウチワを含めたアオグ用具全般をさすこともあります。『万葉集九』に、冬でも〈あふぎ放たぬ山の仙人〉とみえ、やはり古いことばです。モノとしての、折りたたみ式のいわゆるオウギは、日本独自の創作ともいわれ、祝儀や邪気を祓うなどの呪術的な意図でも用いられました。〈扇子《センス》・末広《スエヒロ》・五明《ゴメイ》〉など、異称もさまざまです。

018 椀飯

オウ〔ワ〕バン
ôban

宝くじがあたって親類知友にて大盤《オオバン》振舞をした、などといいますが、このオオバンは、本来は

〈椀飯《オウバン》（垸飯）〉が正式です。字義どおりには椀《ワン》に盛った飯のことで、ワンバンが訛ってワウバン↓オウバン（↓オオバン）となりました。古くは宮廷で年始や節句に宴会をもつことをいい、『源氏物語』〈宿木〉に〈わうばんなどは世の常のやう〉などとみえます。やがて武家社会に受けつがれて、武士の出仕の意も派生しました。

さらに江戸時代には、〈椀飯振舞〉といって正月に親類縁者を集めて大宴会をもうけましたが、これが一般に拡がって、盛大な御馳走を盛りつける大きな食卓ということで〈大盤《オオバン》〉の漢字があてられることになったようです。現代では、派手にもてなしたり、やたらに金品を与えることなどにも用います。用字からは、ちょうど〈独擅《ドクセン》場〉が、いつのまにか〈独壇《ドクダン》場〉に入れ替わったのに似ています。〈擅《セン》〉は〈フルマウ〉の意、シナ古典、『戦国策』に、〈趙（人名）之ヲ独擅ス〉とみえ、古いことばです。田中英光『オリンポスの果実』（昭和十五年）ではまだ、〈今夜は正に自分の独擅場だなと得意な気がして〉と正式な用字でみえますが、現代はむしろ誤用が一般化しています。

019 大佛

オサラギ
osaragi

『鞍馬天狗』の著者として有名な大佛次郎、本名は野尻清彦、ペンネームが大佛《オサラギ》です。鎌倉のシンボルである大仏――高さ三丈七尺五寸、建長四年（一二五二）、大野五郎右衛門の作といいます――にあやかったのでしょう。もっとも『西源院本太平記』（十四世紀末ごろ成）に、〈大仏《オサラギ》陸奥守忠直ハ昨日マデ二万余騎ヲ以テ……〉とあって、鎌倉時代、すでにこの姓を名乗る武将がいたようです。

ところで〈大佛（仏）〉をどうしてオサラギと読むのか、このいわれが身の回りの辞書類には解説されていません。一説によると、二月をキサラギといい、この月の十五日に仏陀は涅槃に入る（入滅）ので、仏の死を意味する〈帰仏〉をキサラギにあて、ここから仏をサラギと読むようになった（帰＝キ／仏＝サラギ）といいます。したがって〈大仏〉もまた、オホ＋サラギ→オサラギというわけです。

またこれとは別に、大仏建立の地の旧名がオサナギであったことから、大仏をオサナギ（の大仏）と俗称し、これが訛ってオサラギとなったという説もあるようです。ただし、この地域は、私のしるかぎり、むかしからオサナギでなくフカサワ（深沢）とよんだようです。

なお漢字の〈佛〉と〈仏〉については、旧著『漢字百珍』でいささか探索を試みましたので、そちらをご参看ください。

020

膃肭臍

オットセイ
ottosei

オットセイはアシカ科の哺乳類ですから、漢字の構造からいきますとケモノ偏がついてもよさそうですし、海に棲むところから、〈海驢《アシカ》〉のように〈海〉の字がついてもよさそうですが、日本ではそのいずれでもなく、一風変わったこの表記がもっとも一般的でしょう。

アイヌ語でこの動物をオンネップ（onnep）といいますが、これにシナで〈膃肭《オンノウ》〉の漢字をあてていたのをそのまま借りたものです。日本ではまず、この動物の〈臍《セイ》〉（＝へそ、実際には雄の陰茎）を漢方薬としてとり入れました。江戸時代前期の国語辞書に、〈膃肭臍　海狗ノ外腎也〉とあるように、シナでの呼称を借りるのであれば、動物名としては、〈海狗《オットセイ》〉でもよかったはずなのですが、薬の名である〈膃肭臍〉が、そのまま海獣の呼称となり（ときに〈膃肭獣〉ともあてました）、日本語読みでオットッセイ→オットセイとなったわけです。したがってオットセイは、いわばアイヌ語とシナ語をうまくとりこんだ日本人の漢字手法、ということになります。

〈木乃伊《ミイラ》〉などもこれと似た例で、ポルトガル語のmirraまたはオランダ語mirre（おそらく後者）にシナで〈木乃伊〉と漢字表記を与え、日本はこれをそっくり拝借したものです（現代中国語も〈木《ム》乃伊《ナイイイ》〉）。ミイラは江戸初期に輸入され、売薬されてはやったといいます。〈密人〉ともあて、薬用としては〈没薬《モツヤク》〉といいました。

西鶴『本朝二十不孝』には、〈身《み》比羅《ひら》のごとくなりて死《しに》ける〉とみえます。西鶴も実物を一見しているのでしょう。また例のマルチタレント、平賀源内も〈誰をやりても忽ち惚れ、木乃伊とるとて木乃伊になる〉（『風来六部集』）と書いています。美女を手に入れんとご執心のさるお偉方への皮肉です。〈木乃伊取るとて木乃伊〉は江戸中期の諺集、『譬喩尽《たとえづくし》』（天明六年・一七八六成）には、〈木乃伊《みいら》とる人質汁《ひとみいら》〔に〕なり〉とみえ、その由来を詳述しています。はやくから江戸時代の人びとのお気に入りのフレーズだったようです。拙著『一寸の虫にも五分の神《たましい》』（雄山閣）をご参照ください。

021

十八番

オハコ
ohako

手元の『新明解国語辞典』（第二版、三省堂）で、〈オハコ〉を引くと、〈得意（の芸）、普通、十八番と書く〉とみえます。しかしなぜ、オハコで得意の意になるのか、またなぜこれを十八番とも書くのか、この辞典では不明です。

江戸時代、ハコには、〈箱入娘〉の語があるように、大切なもの、秘蔵の品を入れておくモノという含みがありました。したがってオハコもまた秘蔵のもの、あるいは得意とする芸、といった意味で使われるようになったわけです。

一方〈十八番〉の用字については、江戸後期の戯作に、〈此十八番《おはこ》といへることは此時代の通言にて、かの歌舞伎十八番の名ごり、俗にお株《かぶ》といへるに同じ〉と解説しています。オハコを〈十八番〉と書くのは、歌舞伎役者の七代目市川團十郎が、代々伝わる家の当たり芸、〈暫《しばらく》〉以下十八種を選び出しまとめたことによる、というわけです。これらの秘伝書は箱に大切におさめられていたともいいます。

ただし、実例をさぐりますと、〈十八番《オハコ》〉は江戸時代にはほとんど一般的用例としてみえません。むしろ江戸の戯作でも、明治の文学作品（坪内逍遙・二葉亭四迷など）でも、〈得意《おはこ》〉とあって、〈普通、十八番と書く〉ことはむしろ多くはないようです。島崎藤村『家』（明治四十三年）に、〈復《また》、阿爺《とう》さんの十八番《おはこ》が始まつた〉とみえますが、明治も末の用例です。また近代以降は、〈十八番〉をしばしば、そのままジュウハチバンとも読ませています。

022

女方

オヤマ
oyama

歌舞伎の用語にオヤマがあります。江戸初期、出雲の阿国《オクニ》にはじまった女歌舞伎が禁制となって、男で女の役をするものを〈女方、女形、お山〉と呼び書くようになりました。『日本好色名

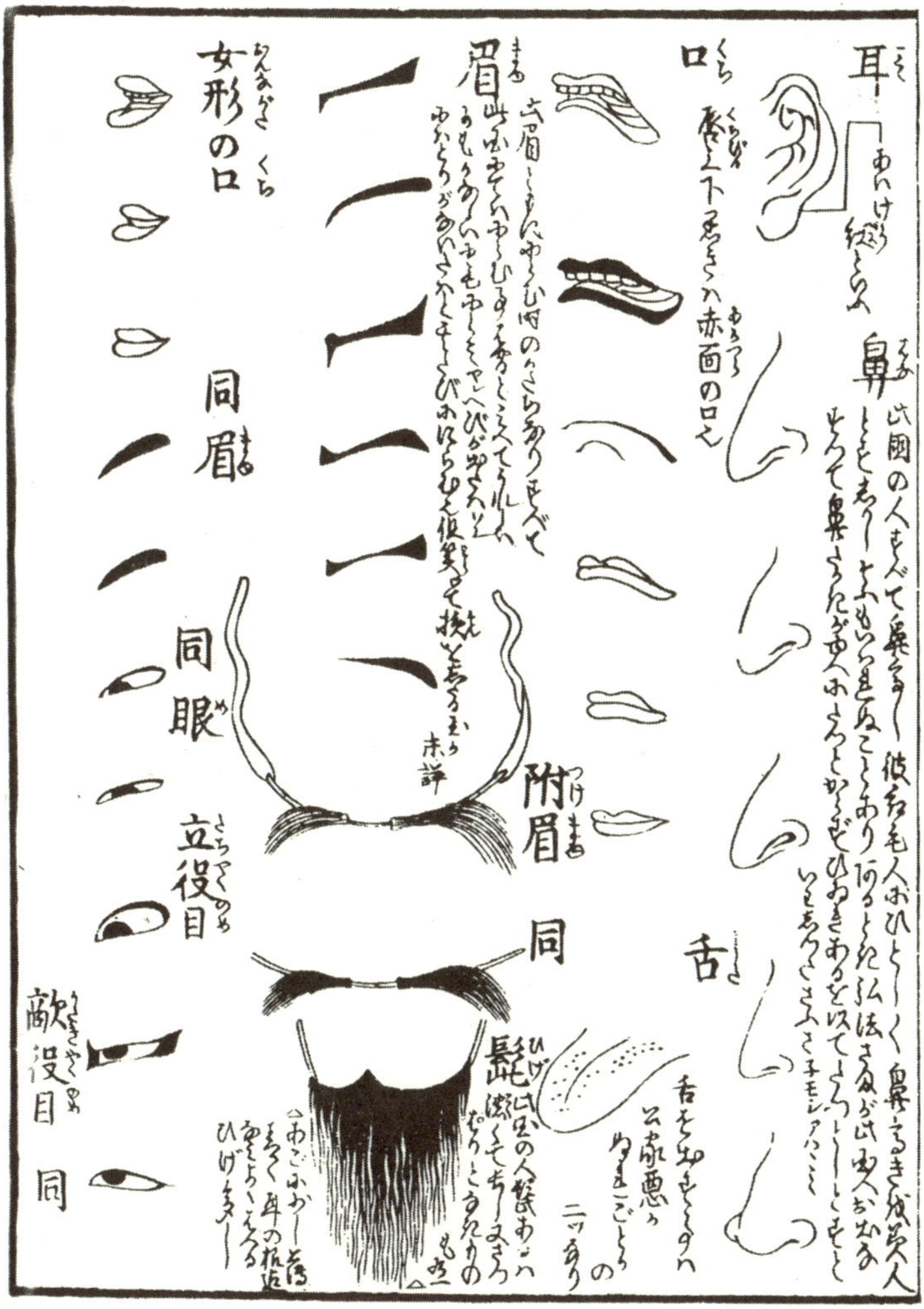

式亭三馬『戯場訓蒙図彙』（享和３年）
巻六〈支体並に疾病〉より〈女形の口〉ほか

所鑑』（元禄五年・一六九二）に、〈女方若衆方始〉と〈女方〉がみえ、〈女形〉ともあてたのは元禄中期以降といわれます。本来は役柄をさすのですから、女形より女方のほうが正当でしょう。ただし〈女形〉については、『戯場《しばい》訓蒙《きんもう》図彙《ずい》』（享和三年・一八〇三）に、絵入りで〈女形《をんなかた》の口〉とみえるのが一つ参考になりそうです。

しかし江戸中期の方言辞典、『物類称呼』（安永四年・一七七四）には、〈遊女　うかれめ、畿内にてをやま又けいせいと云、江戸にては女郎《ぢよろう》といふ。江戸にては、をやまと云名は戯場《しばい》にのみ有〉と説明しています。西と東とで、オヤマの中身は異なる点も注意されます。近松門左衛門の人形浄瑠璃に、〈お山狂ひ〉として遊女に溺れることをさし（『心中刃は氷の朔日上』）、西鶴の俳書には、遊女を抱えた茶屋を〈お山茶屋〉とみえます（『石車二』）。おそらく遊女の呼称のほうが先で古く、やがて江戸では、歌舞伎役者に限定して用いたものと思われます。

関西で遊女をオヤマと呼ぶようになったのは、延宝年間（一六七三―八一）、京都にて小山次郎三郎が浄瑠璃で遊女の人形を巧みにあやつったことから（『本朝世事談綺』）とも、あるいはまた、顔に脂粉を濃く山のように塗るところから（『倭訓栞』）ともいい、諸説があるようです。

いずれにせよ、現代でも関東では芝居の女方でオヤマを用い、関西では遊女の意でオヤマを用いる傾向がつよく、江戸時代からの伝統は今なお息づいています。現代作家、田村俊子（東京生まれ）の『木乃伊の口紅』（大正二年）に、（亭主が）〈新派の下つ端の女形《おやま》をしている〉とみえます。

023

甲坼

カイワレ〔ヒ〕
kaiware

食中毒事件の感染源との風評被害がもとで、一時期ほとんど見かけなくなってしまいましたが、このところようやくふたたび食卓にのぼるようになりました。手元の国語辞典に、〈貝割・穎割ダイコン、カブなどの種から芽を出したばかりの双葉。かいわり菜。かいわれ。卵の殻を割った形、あるいは貝を割った形に似ているところからの名〉とみえ、語源は貝ノ割レタ状態からと解しているようです。しかしたとえば島崎藤村の小説、『家』(明治四十三年)に、〈莢豌豆《さやえんどう》も穎割葉《かいわれは》を持上げ〉などとみえますので、古くはダイコンやカブにかぎらず、もう少し広く双葉一般をさすことばだったのでしょう。語形についてはたしかにカイワレとカイワリの二種があるようです。

江戸時代には、このことばは〈甲坼《カイワレ》〉の表記でみえます。〈甲坼〉はシナ最古の古典、『易経』に〈草木皆甲坼《コウタク》〉とあり、意味は右の藤村作品の〈穎割〉と同じく、草木全般が芽を出すこと。三千年以上もむかしのことばです。甲《コウ》は古くカフでカキ・カイに音変化しますし、坼《タク》は日本語で物をカキワルの意です。したがって、カキワレ→カイワレとなったので、文語〈美シキ〉が、口語で〈美シイ〉となるのと同じ、k音の脱落現象です。語源的にはもとより貝《カイ》とは関係ありません。〈穎〉の字をあてている現代国語辞書が多いのですが、〈穎《エイ》〉は〈穎才《エイサイ》〉というように、才能などが群を抜いているさまをいいます。しかし本来は稲の穂先を意味していて、この穂先の割れたさまがカイワレというわけで、日本人が創始した用字が〈穎割《カイワレ》〉です。

024 鹿驚

カカシ
kakasi

日本最古の勅撰和歌集、『古今集』（十世紀初）に〈あしひきの山田のそほづ……〉と歌われているように、農作物をあらす鳥獣をおどろかす工夫は古くからありました。和歌の註記に、〈そほづ〉（僧都／添水）とは、〈田に驚かしに立てたる人形《ヒトガタ》なり〉とあるとおりで、ほかにソホド・クエ彦など、人間並みに扱ってこう呼ばれていました。人の形につくり弓や矢をもたせ、田や畠に立てられましたが、民俗学でいう神の依代《ヨリシロ》、神様の道案内に近い考えが初源のようです。やがて本義は忘れられて、鹿《シシ》オドシ、鳥オドシなどともよばれました。

また江戸初期の国語辞書に、〈案山子《カヾシ》・鹿驚《同》〉とみえますが、以後、西鶴なども〈案山子《かゝし》〉と用いていて、俳句などでもこの呼び名と表記が一般的になりました。

カカシは東の言い方で、古くはカガシと濁って発音しました。お伽草子にも〈山田のかがし〉とみえます。江戸中期の方言辞典、『物類称呼』（安永四年・一七七五）には、〈案山子　関西より北越辺かがしといふ。関東にてかかしとすみていふ〉とみえ、現代語は関東方言の伝流ということになります。カガシは、古く害敵を防ぐために、ケモノの肉を串にさして焼き、そのにおいを〈嗅《カガ》セ〉て追い払ったことにより、こう名づけたのでしょう。

〈案山子〉の宛字はシナの仏書にみえるところで、ぼんやりと山を案じ眺めて田畑に立つもの（子）の意でしょう。見かけだおしの無能な人物の譬えに引く場合など、この表記はいちだんと有効のようです。別に、右に紹介のとおりシシオドシ（現在ではもっぱら水辺の仕掛けをさしますが）に由来する、〈鹿驚〉をあてることもありました。シシは鹿ではなく、カ（鹿）ノシシ、イ（猪）ノシシのように、肉《シシ》をとる獣《ケモノ》（毛物《ケモノ》）の一般的呼称です（肉《ニク》はシナ語）。ちなみに現代中国では、カカシは〈稲草人《トウソウジン》〉などと呼ばれるようです。稲を守る人というわけでしょう。

025 石花

カキ kaki

果物の柿《カキ》とはアクセントがはっきりちがいますから、耳できいても区別できると思います。〈牡蛎・牡蠣〉の表記が一般的で、これはボレイとも読ませます。カナリアを飼った経験のある人は、餌にボレイ（カキ殻を粉末状にしたもの）をまぜるようにと小鳥屋さんにすすめられて買ったことがあると思います。カルシウムを小鳥にとらせるためでしょう。

〈牡〉は慣用的にボの音を用いますが、正式にはム・モ・ボウの音です。また字源も牛に土と書きますが、土は士が本来の字形で、男性性器の起立の状態と牛の合字、動物のオスを示します。カキにはオスしかいないとみなされていたため（実際には雌雄同体）、この字を添えますが、〈蛎・蠣〉の一字でもカキです。中世の国語辞書、『運歩色葉集』（元亀二年・一五七一成）には、一字で〈蛎《カキ》〉とあり、また別に〈石花《カキ》〉ともみえます（魚部）。

カキの呼称は、〈形ち闕《かけ》たるがごとし〉（『魚鑑』、幕末）であるからとも、またオスのみの単体で一方を欠くとされたからともいいます。〈石花《カキ》〉の宛字は海中で岩にとりついているその外観、姿の印象からでしょう。江戸中期の産物誌、『日本山海名産図会』は、〈畿内に食する物皆芸州広島の産なり〉と、十七世紀末ごろにはじまった養殖の成功・定着を伝えています。私の大好物の一つですが、上に引いた『魚鑑』には〈江都海《えどうみ》自然生ずるもの状小なりといへども、その味の極て美し、その水の肥えたるがゆへなり〉ともあります。江戸の海もまた豊かだったのです。

026

白地蔵

カクレアソビ
kakureasobi

江戸中期の方言辞典、『物類称呼』（安永四年・一七七五）に、〈○かくれんぼ　小児のたはぶれ也　出雲にて○かくれんごと云、相模にて○かくれかんじやうと云、鎌倉にては○かくれんぼと云、仙台にて○かくれかじかといふ〉とあり、これにしたがえば、カクレンボは江戸時代の鎌倉方言？

滝沢馬琴『南総里見八犬伝』
肇輯口絵第七図〈八犬子髫歳《あげまきのときかくれあそび》白地蔵之図〉

ということになります。

しかしカクレンボ／カクレンボウはすでに江戸初期、〈隠れ子《ご》・隠れごと〉などと並んでみえ、たとえば、西鶴の俳諧に、〈隠れん坊にまじる小男鹿《さをしか》〉、江戸川柳に、〈隠れんぼちよつとねむつた立姿／隠れんぼ見付出したは信濃者〉などとみえます。

今少しさかのぼりますと、中世の国語辞書、『雑字類書』に、〈白地蔵《カクレアソビ》〉、江戸中期の国語辞書にも、〈白地蔵《カクレアソビ》 小児ノ遊戯〉とカクレアソビがみえます。〈かくれ遊び〉は、紫式部の愛読書という『宇津保物語』にも〈かくれあそびをやし侍らん〉とあり、古代より連綿と受け継がれた伝統ある子どもの遊びでした。一方、〈白地蔵〉の表記については、〈白地〉は伝統的に〈白地《アカラサマ》〉とよみ、また〈蔵〉にはカクレルの意がありますので、アカラサマニカクレル、かりそめの遊びの意とだいわれます（山東京伝『骨董集』、文化十五年・一八一八など）。

この点、幕末、文久三年（一八六三）成立の『大字類苑』を一見しますと、〈迷蔵《カクレンボ》 捉《カクレゴ、カクレアソビ》迷蔵、白地蔵〉とみえます。カクレゴ・カクレアソビに代わって、いよいよカクレンボが見出しに掲げられていることも見逃せませんが、用字として紹介の〈捉迷蔵〉が注目されます。これは現代中国語でもカクレンボの意で用いますので、この並びで考えますとやはり、〈白地蔵〉の〈蔵〉もまた、カクレルの意をこめての用字と考えるのが妥当、ということになるでしょう。

しかしそれでもなお、この〈白地蔵《カクレアソビ》〉を、中近世以降の、地蔵信仰の一つの証とみておきたいという誘惑には、あらがいがたいものがあります。ご存じのとおり、地蔵菩薩は子どもの守り神として信仰され、〈地蔵講〉や〈地蔵祭〉など、童たちが町の辻のお地蔵さまに、供物や灯明をあげる機会はいくらもありました。またなによりその童たちこそが、〈白（素）地蔵〉のようなものではないか——そう思われてなりません。

027

飛白

カスリ
kasuri

あらかじめ染め分けた糸を用いて織り上げ、独特の風合いのある文様をあらわす織物の一種です。カスリの名は、織り出された文様の輪郭が、糸の乱れによってカスレたようにみえるからでしょう。カスム・カスル・カスメルなどと同根のことばで、軽くふれるような感覚が共通します。〈飛白〉の表記は、古くシナの書道でおこなわれた書体のひとつ、〈飛白体《ヒハクタイ》〉から。『書断』(三巻。唐、張懐瓘。書および書家についての考察)に、〈飛白者、後漢左中郎蔡邕《サイユウ》ノ作ル所ナリ〉とみえ、弘法大師、三筆のひとりとして名高い空海がこの書体を得意としたそうです。織物の柄の輪郭の感じが、箒ではいたようなその筆跡を思わせるというので、これを借りたわけです(拙著『漢字入門』を参照)。

ほかに〈絣《ハウ》・済《セイ》・綛《カセ》〉などともあてますが、よくみかける〈絣《かすり》〉は、明治三十年ごろ、〈久留米絣〉に〈絣〉を用いたのがはじめでした。〈絣〉はホウ・ヒョウの音で、シナでは縞模様の布についていいますので、これを借りたのでしょう。

久留米絣は江戸時代後期、井上でんという十二歳の少女が、木綿のシミをヒントに発明したことでよく知られ、この話はむかしの小学校国語教科書にもみえるところでした。

028 首途

カドデ
kadode

その人間にとって人生の転機、ターニング・ポイントとなる旅に出発すること。

古く『万葉集』に〈門出《カドイデ》〉とみえます。しかし時代がくだると、中世の国語辞書、『下学集』（一四四四年成）に〈首途《カドイデ》〉、一六一〇年刊行の『易林本小山板節用集』に〈首途《カドデ》・門出《同》〉、芭蕉、『奥の細道』にも〈夏山に足駄を拝む首途哉〉とあって、表記は〈首途〉が一般的、正式の観すらあるようです（西鶴『好色一代男』には〈途首《カドイデ》〉もみえます）。

カドデは、文字どおり家の門《カド》を出《イデ》るので門出《カドイデ》、江戸初期まではこのカドイデで用いましたが、そこからカドイデ Kadoide→カドデ Kadode と、母音のｉが脱落しました。母音並列をきらう日本語の特色です。もっとも幸田露伴『風流仏』（明治二十二年）に〈出世の御発途《おんかどいで》〉とみえ、カドイデは明治以降も生きたことばでした。〈発途《カドイデ》〉の表記もまた貴重な例でしょう。

〈首途《カドデ》〉の〈首〉はクビで、〈（旅路の）はじめ〉の意。〈途〉はミチですが、〈道・路〉とは異なって、字源的には、〈よく祓い清められた安全なる路〉という意味がこめられています。日本人がもっとも愛読したシナ古典、『文選』にみえるところです。一方、カドデの意味で用いる〈鹿《カ》島立《シマタチ》〉（鹿島神宮に旅の祈願をしたことから。鹿島・香取の二神が天孫降臨に先立ち、鹿島を発って国土を平定した故事によるなど、由来は諸説あります）など、やはり『下学集』にみえますが、こちらは中世からの用語、日本人による創作でしょう。

なおカドデにあたり贈られる〈餞別《センベツ》〉、すなわち日本語のハナムケ――『下学集』にも、〈餞別《ハナムケ》〉とあります――は、出発にあたり、旅する方向に馬ノ鼻《ハナ》ヲ向《ム》ケル→ハナムケ、というところからです。古く『伊勢物語』に、〈県《あがた》へゆく人に馬のはなむけせむ〉とみえ、芭蕉も『奥の細道』冒頭で、〈馬の口とらへて〉と旅立ちを告げています。ただしシナ語の〈餞別《センベツ》〉は、金品などを贈る点とは関係なく、文字どおりお別れのことに限定して用います。

029 仮字 カナ kana

漢字に対して、日本特有の文字を〈仮字《カナ》〉といいます。ナは日本語で字の意です。漢字を正式、完璧な文字と考えて、〈真字《マナ》〉とよぶのに対し、こちらは一時的な仮の文字、公的に対して私的な文字ととらえて、〈仮《カ》リ字《ナ》〉とよびました。これがカンナと訛り、さらにカナとなったわけです。

モノとして、記号としての平仮字・片仮字の成立は、前者が九世紀ごろ、後者はややおくれて十世紀ごろとされます。平安末期の『堤中納言物語』に、〈かなはまだ書き給はざりければ、片かんなに……〉とみえ、平仮字の前にまず片仮字を習ったようです。

ただし呼称については少し注意が必要です。片仮字は比較的はやくからこの名でよばれましたが、平仮字はながらく単に〈カナ〉あるいは女手《オンナデ》、イロハなどとよばれ、〈平仮字《ヒラガナ》〉は近代以降、十六世紀ごろ成立の呼称です。またカナの漢字表記は古くから一貫して〈仮字《カナ》〉が正式で、江戸末期の学者、伴信友の著作（もっとも充実した仮字研究書です）も『仮字本末《かなのもとすえ》』と銘うたれています。

ナは、モノやコトの名乗りの名《ナ》と同時に、それを示す記号として字《ナ》という、二つの意味をもっていました。そして中世以来、この両意を区別してカナは〈仮字〉と表記したわけです。明治期、西欧言語学を学んだ国語研究者たちの多くが、〈仮名〉という非科学的な表記を用い、これが一般化してしまったのは残念なことです。〈コト〉について、はじめ事《コト》と言《コト》がひとつに考えられ用いられていたのが、やがて二つの意味に分化され、漢字を使い分けて用いたのと同じことです。〈事葉《コトバ》〉などと書く馬鹿はいませんが、〈仮名《カナ》〉のほうはいまだにはびこっていて困ったものです。

漢字、〈文字〉のうち、〈文〉のほうは絵文字的な文様（アヤ）が原意。〈字〉は別にアザナともよむように本来は幼名をさし、同音の滋《ジ》と通じるところから転用、文字をどんどんふやしてゆく役割を示すといいます。〈水〉の〈文〉から〈汗・泪・滑・液・海・潮・汝・法〉などの〈字〉が創作されます。このように〈文〉（絵文字）を基本として、二次的につくりあげられた体系が、〈文字〉というわけです。

030 曲尺

カネジャク
kanezyaku

ずいぶん前になりますが、NHKの朝のドラマで、片岡鶴太郎扮する大工さんが曲尺をマガリジャクといったのにはびっくり。たしかに現物はマガリ尺でしょうが……。発足をハッソク、早急をソウキュウというのも多くなってきましたが、一口に誤りとはいえぬものの、あまりやすきに流れず、よき伝統・習慣は守りたいものです（ホッソク、サッキュウが正式です）。

残念ながらマガリジャクはありませんが、別名として、ほかにマガリガネ、サシガネ、カネザシ、また単にカネともよんだようです（江戸時代初期の国語辞書）。漢字表記のほうは〈矩尺・矩差・勾尺・曲指〉などともあてました。

現代中国では〈曲鉄尺・直角曲尺〉というようですが、〈曲尺《キョクシャク》〉も古いシナ語でしょう。〈曲〉は〈凵〉が古形で、広く形のマガッタ器をモジにしたようです。その材料が竹や葦だったのでフシの意もあります。〈曲者《クセモノ》〉（漱石『坊っちゃん』）、〈曲節《メロディ》〉（白秋『邪宗門』）など、なかなかクセアル漢字です。

031 浮石糖
カルメラ
karumera

十六世紀、吉利支丹のもたらした〈南蛮菓子〉の一つ。江戸初期の国語辞書に〈浮石糖《カルメイラ》〉とみえます。カルメイラ、カルメロ、カルメル、カルメ焼などともよばれます。

スペイン語・ポルトガル語 caramelo の訛りで、英語の caramel《カラメル》 に対応します。本来は氷砂糖に卵白を加え、煮立たせてそのまま固めた軽石風の菓子です。日本でおなじみなのは、ザラメを煮つめ重曹を加えてやはり軽石のようにふくらませたもの。子どものころよく火鉢を囲んでつくったものです。漢字ではほかに、〈軽目焼・泡糖〉なども。前者は今なお縁日などでもみかけることがあるようです。

西鶴、『日本永代蔵』には、〈金餅糖《こんぺいたう》〉を作りあげる苦心談がみえます。これもカルメラと同じ南蛮渡りの洋菓子です（ポルトガル語、confeitos）。江戸中期の『早引節用集』には、〈金米糖《こんへいとう》〉とみえ、明治に入って森鷗外、『雁』でも〈金米糖《こんぺいと》〉と同じ表記です。現代では〈金平糖《コンペイトウ》〉が一般的でしょうが、いずれも言語にない〈糖〉を補っての、日本人独特の用字です。

カステラも同じく南蛮渡りの洋菓子、ポルトガル語、〈カスチリア国のパン〉（pão de Castela）、が原義とされ、江戸中期刊行の百科事典、『和漢三才図会』には、〈加須底羅《カステイラ》〉で製法とともに紹介されています。他に〈家主貞良〉（洒落本）、〈鶏蛋糕〉（『俚言集覧』）などの表記もみえ、後者は〈唐名也〉とあってシナでの表記を借りたものです。

幕末、滝沢馬琴はその日記に〈暑中見廻りとしてかすていら一折被贈之〉と書きとめ、また子どもへの手土産に〈上品壺入り金米糖〉持参したむねもみえます。すでに江戸市内でカステラが製造販売され、手土産に用いられていたわけです。

032

王余魚

カレイ〔ヒ〕
karei

学校教育の現場からは追放されても、かなりの方がまだ、〈烏賊《ウゾク》〉でイカと読めるでしょう。十五世紀成立の国語辞書『下学集』に、〈烏賊《イカ》〉、十八世紀刊行の国語辞書、『早引節用集』にも〈烏賊《いか》〉とみえ、まさに国民的漢語です。もとより本源はシナの人の創作です。イカが死んだふりして海面に浮かんでいて、烏がイカをとろうと近づくと逆に墨をかけ、足で巻きとって餌食にするところから考えた用字といいます。ほかに〈墨魚・柔魚・鰞鰂〉などとも書きました。

また、木の賊で〈木賊〉となるとトクサです。これはトクサ同士がすれあって火をおこし、山火事などもおこしかねないので、シナの人はトクサを木の賊とみたわけです。これも前にあげた国語辞書にみえ、古くから日本人のものとなっています。ただし『下学集』に、〈砥草《トクサ》〉とあって、別表記を日本でも創作しています。むかし紙やすり同様に磨くのに用いた草の意からで、シナと日本の発想のへだたりが興味深いところです。もっとも、江戸初期の国語辞書では、〈砥草《トクサ》〉を俗字、〈木賊《トクサ》〉を正式としていて、古くからシナ優先の考えは根強いようです。

もうひとつ、シナの故事にちなんで〈王余魚《カレイ》〉を紹介しておきます。〈呉越同舟・臥薪嘗胆〉などの逸話でもおなじみの越王勾践は、好物の膾《なます》をつくるのに魚の半身だけを使い、余った半身を水に戻したところ、その半身がそのまま泳ぎだしたといいます。シナ古典『朱匡記』などにみえる話です。いかにもシナらしい奇想天外な語源談ですが、〈王余魚《カレイ》〉は、これを踏まえているわけです。シナからの借用とはいえ、〈鰈《カレイ》・鮃《ヒラメ》〉などよりも、むしろ日本人好みの内容豊かな用字といえそうです。はやく『和名抄』にもみえ、江戸初期の国語辞書に、〈本朝従来王余魚ノ字ヲ用フ〉とあるとおり、古代から江戸初期まで、約八百年にわたって常用の表記となりました（中世には〈⿰魚羽《カレヒ》〉も用いました）。西鶴などもまだ〈王余魚《かれひ》〉を用いており、〈鰈《カレイ》〉（『和漢三才図会』）が一般化するのは、江戸時代の後半以降のことです。
なお和名のカレイは、『和名抄』に〈和名、加良衣比《カラエヒ》、俗云、加礼比《カレヒ》〉とあるとおり、韓《カラ》でとれるエイの意の〈カラエヒ〉から、karaehi《カラエヒ》→karehi《カレヒ》と母音、a《ア》の脱落した語形です。

033 五調

ガンジョ《〔デウ〕》ウ
ganzyô

『広辞苑』を開くと、〈がんじょう（岩乗）①馬のすぐれて強健なもの。②人や物の頗る堅固で強いこと〉とみえます。また私の愛用する『国語新辞典』（研究社）には、〈ガンジョウ。岩乗、頑丈〉の見出しで、〈1馬が特別にすぐれて強いこと、2構造が堅固なこと、（例）岩乗な船。3身体が非常に健康なこと、（例）頑丈作りの男〉と三分類して意味用法を示しています。両者ともに、第一の意味に、馬にかかわることをあげている点が注目されます。

さらに古い辞書を調べてゆくと、ガンジョウには右のほかにも、〈岩畳・巌丈〉などとあてられていることがわかりますが、興味ぶかいのは、元亀二年（一五七一）成立の国語辞書、『運歩色葉集』に、〈四調者《カンデウシャ》馬ノ事也　五調者人也〉とみえることです。〈四調・五調〉の表記、それに馬についていう語、と註されている点も注目されます（ただし後述のようにここは人と馬が逆、次例も同様）。これは十五世紀成立の『下学集』にも、〈五調《ガンデウ》人　四調《ガンデウ》馬〉と同じようにみえます。なぜ〈五調／

四調〉でガンデウなのか、気になるところですが、時代が下ると、江戸中期の『早引節用集』などには〈岩畳《ガンデウ》〉とあるのみで〈五調／四調〉はみえず、その痕跡は途絶えてしまいます。

　これについては、昭和初期刊の『大辞典』（平凡社）に手がかりがありました。同辞典は〈ガンジョー　岩乗・巌乗〉の項に〈五調《ガンデウ》〉を見よと指示し、〈五調〉の項には、〈名馬に調べるべき五つの条件〉と解説、関東武士の著わした『大坪本流馬書』（十五世紀成立）を引用して、〈五調、一蹄、二心、三体、四血、五生〉と紹介しています。すなわち馬について吟味すべき五条件、〈蹄・性質・体格・血統・生産地〉に関する五調をさしたわけです。人間の場合は馬の生産地の一調をのぞいて、〈四調〉でガンジョーと読ませたようですが、もとの表記〈五調・四調〉はやがて忘れさられます。馬や人以外にも拡大してガンジョーが用いられ、〈岩乗〉などとあてられるようになりました。根源がわからぬまま、かなづかいもガンデウ→ガンジャウ→ガンジョウなどと揺れながら、現代に受けつがれていったわけです。

　しかし〈ガンデウ〉は右のように、当初、関東武士たちが、新しく馬についての用語として、〈五調〉に秀でたもの、という意味で用いはじめたものです。

　この〈五調《ガンデウ》〉が中世、日蓮の手紙や鴨長明『発心集』にみえる〈強盛《ガウジヤウ》〉と錯誤されたこともあって、ガンデウ（ガンジョウ）とガウジヤウを同根とみなす辞書もあります（『岩波古語辞典』など）。しかし仮字づかいの違いはことばの違いで、〈五調《ガンデウ》〉は肉体的なモノやコト、〈強盛《ガウジヤウ》〉は〈不退転の御志〉（日蓮）など、心理的・精神的意味を示します。十七世紀初頭に刊行の『日葡辞書』でも、ガンデウとガウジャウは明白に区別していますし、現代でもガンジョウな体《カラダ》、ゴウジョウな主張、などと使い分けているとおりです。

また近代的本格国語辞典という『言海』（明治二十二年）は、〈がんじやう［岩乗］〉で立項し、〈岩ニモ乗リ上ルベキ意ナリト云〉などと語源を説明していますが、これは故事つけです。しかし江戸初期にはすでに出自不明のことばとなり、用字が混乱したこともたしかで、森鷗外も〈巌畳《がんでふ》〉などと用いています。〈頑丈〉〈頑張る〉などの用字は、いずれも明治以降の創作なのです。

034 懸鉤子 キイチゴ kiitigo

最近のように温室物が出まわると季節感はなくなります。イチゴも例外ではありません。中世から〈苺《バイ》・苺《ボウ》〉の字をみますが、このほかに大昔からもっぱら、〈覆盆子《フクボンシ》〉と書きます。いずれもシナ語で、〈覆盆子〉はシナ古典『抱朴子《ホウボクシ》』（四世紀前半）にみえます。実《ミ》（正しくは花托《カタク》）が盆をふせたような形であるところからの命名です。清少納言は、〈文字（漢字）に書きてことごとしきもの（大げさなもの）〉（『枕草子』）と、〈覆盆子〉がモノに似あわずイカツイ文字と批判しています。

子どものころよく山で木苺《キイチゴ》というのをとって食べました。オレンジ色の実で、むしろ覆盆子より天然の味とて、子どもながら大満足でした。こちらも〈懸鉤子〉と、やはりことごとしい文字をあてます。江戸の本草学者、小野蘭山は、〈茎ニ刺《トゲ》多クシテ服ニカヽル故ニ懸鉤《ケンコウ》ト名ク〉と命名の由来をのべています。〈鉤《コウ》〉は曲がったカギのことです。

また道端などでかわいらしい黄色い花の蛇苺《ヘビイチゴ》をよくみかけますが、これは名とは別で決して毒ではなく、むしろ薬用になるようです。誰が何故にヘビイチゴなどと名づけたのでしょう。茎が地上にはりついているさまからの命名でしょうか。あるいは人は食べず、ヘビなどの好物とでもみなしてこう名づけたのでしょうか。

035 秦吉了

キュウカンチョウ（キウクワンテウ）
kyûkantyô

高峰秀子主演で映画にもなった森鷗外の小説『雁』に、〈秦吉了《いんこ》の籠《かご》〉とみえました。ペットとして飼う小鳥のインコのことです。しかし辞書類ではたいてい、インコには、〈鸚哥・音呼〉とあてているようです。後者は日本人による用字で、江戸期の国語辞書には、〈音呼鳥《キンコドリ》〉などともみえます。前者の〈鸚哥〉がシナ語として一般的ですが、文豪鷗外はこれに、〈秦吉了〉とあてているわけです。

インコは鎌倉時代にシナから舶載された鳥で、百人一首で有名な藤原定家の日記、『明月記』に、この鳥に餌をやるくだりがみえますから、十三世紀には日本人も飼っていたことがわかります。

〈秦吉了《シンキツリョウ》〉はシナ語で、江側漁史『四季花鳥図譜』（明治二十四年刊）に〈木通《アケビ》ニ秦吉了《キウカン》〉の画題

江側漁史『四季花鳥図譜』（明治24年）
〈木通ニ秦吉了〉ほか

がみえるように、日本ではふつう九官鳥《キュウカンチョウ》のことをさします。江戸時代初期、この鳥をはじめて長崎に持ち込んだ華商が、鳴きまねを紹介するつもりで、この鳥は自分の名前を鳴くのだといって、〈九官〉という自らの名をまねさせたところ、通訳あたりがこれを鳥自身の名と誤解し、以後〈九官／九官鳥〉と呼ばれるようになったといわれます。

右は元禄五年（一六九〇）成立の『本朝食鑑』などが伝える逸話ですが、同書は〈九官〉について、〈秦吉了ナリ〉とする一方で、〈長崎ノ土人〉は〈鸚哥《インコ》〉をも九官と呼ぶと記しています。あるいは長崎では、九官さんのもってきた〈秦吉了〉も〈鸚哥〉も、ひとくくりに〈九官鳥〉と呼んでいたのかもしれません。そして鷗外は九州、小倉に滞在していましたから、そうした俗称に近く接した経験が、『雁』の表記に反映されたと想像してみるのも楽しいことです。いずれにせよ〈秦吉了《いんこ》の籠〉は資料的になかなか貴重です。

036

嫖緻

キリョウ
kiryô

現代の国語辞書などでは、〈器量〉の表記が一般的でしょう。シナの古典にあることばで、本来は文字どおり器にもられた一定の量、そこから転じて、人の心の量（広さ）、度量、才能や徳をさしました。シナ古典、『晋書』、『世説新語』などに、〈器量宏曠《コウコウ》〉とみえます。

日本でも中世、武士の間で、こうした人格・才能に近い意味で用いられはじめ、中世の能楽書、『風姿花伝』にも、〈たとひ一子たりと云ふとも無器量〔才能・徳のないもの〕には伝ふべからず〉とみえます。しかし十六世紀に来日した吉利支丹編集の辞書には、〈風姿や風采のよい人〉などとあり、しだいに内面のみでなく、外観的な容貌の意にも転じ、並行して用いたことがわかります。これにともなって漢字も、〈嫖緻・容色〉などともあてるようになりました。

西鶴に、〈娘は年わかくしかも町で沙汰する程の器量《きりやう》よし〉、人情本、『春色梅暦』に、〈阿長《おてう》とて今年十五の形容艶《きりやうよし》〉、また明治に入って、新文学の旗手という『浮雲』には、〈斯様なに嫖緻《きりやう》がよくて／なんぼ私《わたくし》が不《ぶ》器量《きりやう》だツて〉、さらには上田敏の訳詩に〈どんなに嫖緻《きりやう》の好《い》い子よりも〉〔「牧羊神」〕などとみえます。明治以降の文学作品では、右以外にも〈姿色・嫖致・容姿・容貌〉など用字はさまざまですが、〈器量〉の表記をふくめて、女性の容貌をさす用法が主となりました。

〈嫖緻〉の〈嫖《ヒョウ》〉は、本来は軽々しいものの意で、〈嫖子・嫖妓〉といえば遊女をさすシナ語。〈緻・致〉はきめ細かいことをいい、それを容姿の形容に転用したのでしょう。日本人による造語です。

037

長命縷

クスダマ
kusudama

祝賀会、進水式、開店、開業祝いなどに用いる飾り。近年では、あらかじめ真っ二つに割れるように玉をつくり、なかに紙テープや紙吹雪、風船、垂れ幕などを詰めこんで、割れたときにメッセージを書いた幕が垂れるような、やや俗っぽい仕掛けのものが多いようです。しかしもともとは邪気、障害をふりはらって、新しい門出を祝う意がこめられた一種の魔除けで、そのむかしシナから伝来したものです。

最近は〈くす玉〉と平仮字混じりで書くことが多いですが、本来は〈薬玉《クスダマ》〉で、『続日本後記』、〈嘉祥三年〔八四九〕五月五日〉にみえるのが最古の例といわれています。さまざまの薬や香料――これらをクスリと同じく、クスと総称しました。奇《クス》シキのクスも同根です――を、玉の形につくった錦の袋に入れたもので、これに魔除けの菖蒲、蓬《ヨモギ》など、さらには五色の糸を長く垂らして、簾や柱にかけました。仙台の七夕などでみかけるものが、伝統的な形に近いでしょうか。『源氏物語 蛍』〔十世紀成〕にも、〈くすだまなどえならぬさまにて……〉と趣向を凝らしたクスダマが登場します。

むかしは、ことに五月五日、端午の節句に長寿を願う意をこめて用いました。〈久寿玉〉や〈長命縷〉(シナでの呼称)の表記はここから出たもので、十五世紀の国語辞書、『下学集』に〈薬玉　五月五日小児ノ袖ニ之ヲ付ク、五色糸ヲ以テ之ヲ作ル、悪鬼ヲ攘《ハラワン》ガ為、又長命縷《ル》ト名ク、又続命縷《ル》トモ曰フ〉とあるとおりです。九月九日、重陽の節句には、菊の花を添えたといいます。

038

解死人

ゲシニン
gesinin

今もむかしも〈下手人《ゲシュニン》〉の表記が一般的でしょう。ヨミはゲシニン、と訛ることもありました。文字どおり、手ヲ下シテ人を殺した犯人、の意で、平安時代から用いられた語です。藤原定家の日記、『明月記』に〈下手人〉、『十訓抄 四』に、〈下手人など召されてきびしく御沙汰〉などとみえます。また、比喩的に悪事の張本人、加害者といった意で用いるのもむかしと変わりません。

ただし十六世紀の国語辞書、『運歩色葉集』に〈下死人《ゲシニン》、下手人《同》、解死人《同》〉とみえ、中世の『節用集』にも〈解死人《ゲシニン》、下死人《同》、下手人《同》〉、江戸中期の『早引節用集』には〈解死人《ゲシニン》〉とのみあります。〈下死人・解死人〉の表記も一般的におこなわれていたようです。

また十七世紀はじめに刊行、『日葡辞書』に、〈Guexinin　ゲシニン　実際の罪人の代りに捕ら

えられたり刑に処せられたりしている者。ただし通常は無罪として赦免される。ゲシニンヲダス
またヒク＝自分の代りに誰かを罪人として出す〉とみえ、このころから十八世紀にかけて、やや特殊な意味でも用いられたことがしられています。係争などで相手方から犯人の引渡しを要求されたさい、その身代りとなって相手に引き渡される者、ということでしょうか。

さらにまた江戸時代には、幕府が庶民に適用した刑の一種で、殺人の罪のなかでも比較的軽いものがこう分類されていました。〈下手人〉として斬首刑に処された罪人の亡骸《なきがら》は、ほかの死罪の場合のように、〈様斬《ためしぎり》〉にあわずにすんだそうです。

039

怪事

ケチ
Keti

おそらく〈けち〉の本源は、不吉・不幸・怪しげなこと、といった意味あいのことばです。江戸初期の国語辞書に〈怪事ケチ〉、あるいは江戸中期の辞書『邇言便蒙抄《じげんべんもうしょう》』や洒落本、読本などに〈怪知《けち》・妖孽《けち》〉などとみえますが、いずれもこうした点をふまえて、この時代に創作され、江戸後期には江戸語として独特の世界をつくったのでしょう。

今の感覚では物惜しみする、金銭への執着がつよい、といった意味のほうが身近に感じるかも

しれませんが、〈吝嗇《ケチ》・吝《ケチ》〉などとあてて、この意味で用いるようになったのは、十八世紀以降です。怪しげな前兆をいう当初の意味から、〈女郎買にけちが付ィた〉（洒落本、『南江駅話』、安永七年・一七七八）などと、邪魔がはいる、文句がつくといった意味で用いるようになり、さらに江戸後期から明治期にかけて、〈けちな奴等だ〉（漱石）・〈あまりといへば狭隘《けち》な根性〉（露伴）のように、物質的・精神的にまずしい、価値がないといった方向に派生しました。一方でまた、〈吝嗇家《けちんぼう》〉（小杉天外『魔風恋風』、明治三十六年）などの語も創作されていったわけです。

明治時代には、〈不祥・冷・卑吝・卑陋・卑下・稀知・蹴地・非〉と、ケチにさまざまな漢語・漢字をあてています。それだけ内容も複雑多岐にわたったということでしょう。

ちなみに俗語の〈ちんけ（な奴）〉も、このケチの逆さことばです。ケチ→チケ→チンケ、というわけで、当初は特定社会内での隠語だったようです。

またこの語の語源については、実はもうひとつ、まったく異なる解があります。囲碁用語の〈闕《ケチ》〉に由来するというものです。これは下手な打ち手が駄目《ダメ》（無駄な役立たずの目――これも囲碁用語）ばかりさすことをいいました。ここから金銭上のケチの意味が派生したというわけです。〈怪事《ケチ》〉と〈吝嗇《ケチ》〉と〈闕《ケチ》〉とは別の語という意見もありますが、私は根源は一つと考えています。

040

牛角

ゴカク
gokaku

〈阪神と巨人は互角の力だ〉などと用いるゴカク。お互いに力量に優劣がない、という意味ですから〈互〉はいいとして、では〈角〉のほうは？　と気になります。試みに手元の『角川漢和中辞典』を開いても、〈五分五分〉などと言い換えがあるだけで埒《らち》が明きません……。

実はこのことばは、見出しにあげたように、〈牛角〉と書くのが正式です。中世の軍記物『太平記』に、〈牛角ノ戦ニ成ニケリ〉、西鶴の作品にも〈牛角《ごかく》の家老立ならぶ〉などとみえます。

中世の国語辞書に〈牛角　ゴカク　或は互角に作る〉などとみえるものの、〈互角〉と書くのは稀で、江戸時代、それも十八世紀以降になってようやく、『早引節用集』などに〈互角《ごかく》〉とみえるようになります。〈たがいに〉の意味に引かれて、〈牛《ゴ》〉と同音の〈互《ゴ》〉の字をあて、しだいに一般化したのでしょう。しかし明治に入っても、〈双方共力は牛角のしたゝかもの〉（二葉亭四迷）と〈牛角〉が健在でした。

漢和辞典にない点で和製のようですが、仏典に、〈牛頭両角《ゴヅリヤウカク》〉〈牛角沙羅林《ゴカクサラリン》〉などとみえるように、仏教と縁のふかいことばです。牛はいかにもお釈迦さま――ゴウタマ、すなわち〈秀れた牛〉の名をもちます――の国にふさわしいでしょう。またその角をみるとたしかに左右対称で、甲乙

つけがたくよく整っているようです。ちなみに読みの〈牛《ゴ》〉は呉音、〈牛《ギュウ》〉は漢音です。（→兎角《トカク》）

041 東風

コチ
koti

菅原道真の和歌、〈東風吹カバニホヒオコセヨ梅ノ花アルジナシトテ春ナ忘レソ（春を忘れるな）〉は年輩の方々にはなつかしいことと思います。〈東風〉をコチと読ませるのは、『万葉集』にもありますが、なぜこう読むかはもっぱら日本語の問題、漢字とは直接かかわらぬところです。そこで純国産、日本語での語源をさかのぼってみますと、〈嵐（荒風）〉をアラシといったり、〈暴風・疾風〉をハヤチ（ハヤテ）といったりしますので、風を日本語で〈シ・チ〉（古代ではシはチに近い音）といったことが推量できます（日本人には虫の考え《コンセプト》などありません）。コチのチはこれでしょう。また古語でコ（小）は小さいのみでなく、何となくやさしいの意がありますから、梅の花を咲かせる東風を〈コ＋チ〉とよんで、〈アラ＋シ〉や〈ハヤ＋チ〉と区別したのではないでしょうか。

江戸中期の国語辞書、『早引節用集』にも〈東風《こち》〉、明治時代になり漱石も〈東風《こち》〉（『吾輩は猫である』）を用いています。また古代語の残照のある沖縄では〈東風《クチ》〉といっています。古代から現代まで一貫しているといえます。

〈南風〉と書いてハエと読ませるのも興味深いところですが、ここでは風にからめて〈台風〉

についてひとこと。戦後（昭和三十一年）の同音漢字による書きかえ以後、この表記で定着していますが、それ以前は、〈颱風〉と書きました。江戸末期には蘭学者がオランダ語から〈颶風〉（伊藤慎蔵『颶風新話』）とシナ語を借用して訳したものの定着せず、明治に入って、英語、typhoon（原語はアラビア語、tuffan）にこの〈颱風〉の表記を創作し、用いるようになったといわれます（明治四十四年の英和辞書に〈颱風〉とみえます）。一説に〈颱風〉は幕末、滝沢馬琴の創作ともいいますが真偽未詳です。

042

蟀谷

コメカミ
komekami

〈顳顬《ショウジュ》〉とも書きます。〈蟀谷《シュッコク》〉は、古いシナの鍼灸の書物にもみえ、いわゆる経絡《ケイラク》のひとつです。日本最古の百科事典、『和名抄』に〈蟀谷 古米加美《コメカミ》〉とみえ、表記・読みともに古くからおなじみだったようです。〈蟀《シュツ》〉はコオロギのことで、〈コオロギの谷〉で何かをたとえての命名と推測されますが、それ以上の由来は定かではありません。

日本語のコメカミは、米をかむときにその部分（耳の上、髪の生えぎわの部分）が動くところからだといいます。〈顳顬〉はシナ語で、文字どおりにはフルエルの意。コメカミのカム状態そのものからの命名でしょう。頭の上の頂門に一針を加えて急所をぴりっとおさえるように、〈蟀谷〉

も一針で命を奪うことができる急所、いわゆるツボのひとつだそうです。

同じようにシナの経絡用語に由来する表記に〈鳩尾《キュウビ》〉があり、日本語のミズオチ（ミゾオチ）にあてます。〈鳩尾〉はすでに『和名抄』に記載のある用字で、この個所の形が鳩の尾に似ているところからです。またミズオチは〈水落ち〉で、のちに訛ってミゾオチになりました。人情本『春色梅暦』には〈鳩尾《みぞおち》の穴所《ところ》をおさえながら〉とあって、江戸語ではすでにミゾオチですが、鷗外はさすがに〈鳩尾《みづおち》〉（『阿部一族』）と由緒正しいヨミをあてています。現代の医学用語などでは〈心《シン》窩《カ》部〉の呼称も用いるようです。また現代中国語では〈心口《シンカウ》〉です。

043

破落戸

ゴロツキ
gorotuki

健全な市民生活をいとなむ方々には縁のない用字でしょうか。坪内逍遙、『内地雑居未来之夢』（明治二十年）に、〈破落戸《ごろつき》／無頼漢《ごろつき》〉とみえ、いずれもいわゆる〈ならず者〉のことです。〈無宿《ごろつき》〉ともあてます。ゴロツキは江戸後期の人情本などに〈そんな宜《い》い面のごろつき／無宿《ごろつき》もの〉とよく用いられており、やはりこのころにシナ語から借用の用語が〈破落戸〉です。シナから続々と大衆小説（白話小説）が紹介された時期でしたので、おそらくその影響からでしょう。

〈破落戸〉は、ちゃんとした家（戸）をもたぬ（住所不定無職）、社会のはみ出し者といった意味あいのことばです。明和九年（一七七二）刊、『学語編』に、〈破落戸《シンダイツブシ》〉などともみえます。〈身代潰し〉（＝破産）の意で用いる、というわけでしょう。

日本語のゴロツキは定職がなくゴロゴロしている状態からで、本来は擬態語です。江戸後期の川柳に、〈ごろ付の息子がねらふ母の臍《ヘソ》（＝ヘソクリ）〉とあり、また〈霰の神、雹の神もともどもに力をそへ、戸板にごろつく豆のごとく〉（平賀源内）と、ゴロツクの動詞でもみえます。

同類のことばに、〈ヤクザ〉があり、本来は、〈八九三〉と書きました。これは正確な用字で、〈三枚〉という二個のサイコロを用いるバクチで八、九、三の目が出る（合計二十）とブタ（最悪の結果）となるところからです。江戸の随筆に、〈やくざ物を卑しめ、又埒《らち》の無き事に云ふ。享保の初め（一七一六〜）東国より流行《はや》り詞《ことば》にて諸国隅隅までよく渡り候〉と書きとめられています。これはそのまま明治の新文学にも流れて、『浮雲二』に、〈彼様庸劣《あんなやくざ》な奴《やつ》〉とみえます。古典シナ語の〈庸《ヨウ》劣《レツ》〉にあてながら、江戸語の伝統が受け継がれているわけです。

044

雑喉

ザコ
zako

歌謡集、『梁塵秘抄』（十二世紀後半成）に、〈あの江に雑魚《ざこう》のちらぬ間に／海老《えび》交《まじ》りの雑魚や有ると〉とみえます。しかしこれは江戸中期のいわゆる新写本で、表記は疑問、後の人の手がはいったものと思われます。ザコは正式には、〈雑喉〉と書き、本来ザコウの読みですが、十五世紀のころは〈雑喉《ザツコ》〉（『下学集』、一四四四年成）、十七世紀中期の国語辞書に、〈雑喉《ザツコウ》 ザコ・雑魚《同》〉とみえます。このころはザッコウとザコの共存、十七世紀も後半になってようやくザコに一本化されました。宝暦四年（一七五五）刊、『早引節用集』にも〈雑喉《ざこ》〉とみえます。

『下学集』にはまた〈一喉《イツコウ》 魚之数也〉ともありますから、〈喉《コウ》〉はもともとは魚を数える言い方です。日本語は周知のように、鳥は一羽、犬は一頭・一匹、紙は一枚などと区別していうわけです。この数え方の〈喉〉が魚自体に移って、〈雑喉《ザコ》〉で一山いくらといった多にして小なる魚をさすようになりました。さらに時代が下ると原義が忘れられて〈雑魚〉ともあてられるようになり、漱石も〈雑魚《ざこ》が鯨を以て自ら喩へる様なもんだ〉（『吾輩は猫である』）と使っています。〈雑魚《ザコ》〉が一般的となり、現代に至るわけです。

俗に、〈雑魚《ザコ》の魚《トト》まじり〉（小なるものが大なるものの中にある意）などと用い、また〈雑魚寝《ザコネ》〉（雑居寝）〉

歌川広重〈浪花名所図会　雑喉場魚市の図〉
（国立国会図書館蔵）

は、一つの部屋でみなが雑然となって寝るのを、小魚が雑多にいりまじったさまに喩えたものです。江戸川柳にも、〈ざこねでは氏子をふやす御祭〉などとみえます。ただしこれは、特定の日に男女が一所に集って枕をともにする、独特の民間習俗をさすことばでもあり、西鶴はこれをもとに、〈大原のざこ寝〉（『好色一代男』）の物語を創作しています。同じころ刊行の『好色貝合』にも〈雑居寝《ざこね》〉がみえます。

045

魚軒

サシミ
sasimi

指身《サシミ》も鮓《スシ》も、料理としてはシナ起源です。古代シナで獣肉を薄く細く切ったものを〈胾《シ》〉という（シナ古典、『礼記』の注釈書）、これを日本では魚肉を用いて〈胾《サシミ》〉としました。十五世紀ごろから、貴族の酒席などで食されるようになったといいます。〈サシミ〉は、魚の〈切リ身〉の切ル、あるいは刺スを忌んで、〈指（差）シ身〉とあてたところからで、〈刺身〉の表記は江戸時代になってからです。また関西では、サスをさらに忌んで、〈作り身・お作り〉と言いかえました。

〈指身〉は『康富記』、〈文安元年（一四四四）十二月十五日〉のくだりに〈鯛ノ指身〉とみえるのが古いようです。しかしこのころ成立の『下学集』にみえぬ点、まだ一般的ではなかったと思われます。中近世の国語辞書、節用集のうちでは、『易林本小山板節用集』に〈指身《サシミ》〉とみえます。これは慶長十五年（一六一〇）の刊行です。江戸期にはいると、西鶴の作品などにも、〈学鰹《まながつほ》の指身《さしみ》が喰《くひ》たい〉などとみえるようになります。

〈魚軒〉は、漢和字書には、〈魚軒　魚皮にて飾りたる上流社会の夫人、またその車〉などとあるのみで、シナ古典、〈左伝〉（『春秋左氏伝』）を引用して、サシミとは無縁です。ただし〈軒〉について〈大キナ切肉〉と説明があり、十八世紀初頭に刊行の国語辞書、『和漢音釈書言字考節用集』

に、〈魚軒《サシミ》 肉塊、小ク切テ膾トナシ、大ニ切テ軒トナス〉とあります。同書には〈刺躬《サシミ》 俗字〉ともみえますが、おそらくこれが日本での〈魚軒《サシミ》〉の初出でしょう。ほぼ同じころ刊行の『和爾雅 六』にも、同様の記述がみえます。江戸期にはいって、シナ古典への関心の高まりや研究の進展を背景に、〈魚軒《サシミ》〉が出てきたものと思われます。さらに同時代の百科事典、『和漢三才図会』（正徳五年・一七一五）も、〈魚軒《さしみ》〉を見出しに掲げ、按文《コメント》として〈膾《ナマス》ト胾《サシミ》ト相似テ異ナリ／酢《ス》ニテ食ス〉、さらに〈胾《シ》ハ俗ニ左之美《サシミ》ト云フ……今肉ト称スル者ハ魚鳥而已。魚肉薄ク切ルヲ牒《ツクリ》ト云フ〉とことわっています。〈魚軒《サシミ》〉は明治期にまで受けつがれ、たとえば斎藤緑雨も、〈魚軒《さしみ》醤油の潑ねかかりしに〉のように用いています。

ほかに〈魥《サシミ》〉（『早引節用集』など）もみえますが、〈魥《ゴウ》〉は『唐韻』に〈魥、竹ヲ以テ魚ヲ貫クヲ魥《めざし》ト曰フ〉とあるようにメザシが原義で、干物に用いるのが正統です。右に参照した国語辞書にも〈魥《メザシ》〉とあり、滝沢馬琴（日記）などもメザシにあてています。

なお蛇足ながら、『日本書紀』〈天武天皇四年（六七五）条〉に、〈諸国に詔して曰はく……牛・馬・犬・猨・鶏の宍《しし》を食ふこと莫《なかれ》〉とみえ、この禁令をきっかけにサシミがはじまったといわれます。また中世の国語辞書、『雑字類書』には〈差酢《サシミ》〉（飲食門）ともみえます。こちらは酢で食べたところからでしょう。

046

有繋

サスガ
sasuga

サスガは古代、〈しか（然）すが（に）〉から、シカスガ→サスガと変身した語で、『源氏物語』には、〈幼き心地にも……さすがにむつかしう寝も入らず〉と、すでにサスガでみえます。

サスガには二つの用法があります。さすがプロだ！　と感心したときの言い方と、もう一つは、さすがの僕もそれだけはいえなかったよ、のように、ソウハイウモノノヤハリ（真実ガアル）という意で用いる場合で、おそらく後者のほうが原義でしょう。

〈有繋〉でサスガとあてたりしますが、この〈有繋〉は、決してユウケイの漢語ではありません。〈有〉は本来、存在でなく所有を示し、〈繋〉はツナグの意です。何か実質的なコトやモノに裏づけられる確かさがある、というくらいの意味でしょう。つまり〈有繋〉は、日本人が〈有〉と〈繋〉の意味をよく考えて創った漢字語です。単なる宛字などといっては先人に失敬です。

中世の説話集、たとえば『三国伝記』には〈石流（サスガ）・流石（同）〉がごくふつうにみえ、同じころの国語辞書、『運歩色葉集』には、〈流草《サスガニ》・大小《同》・流石《同》・有繋《同》〉とあります。慶長十五年（一六一〇）刊、『易林本小山板節用集』には、これらのうち最後の〈有繋《サスガ》〉のみが受けつがれており、おそらくこのころ、一般的に〈有繋《サスガ》〉と用いるようになったのでしょう。

明治以降も、〈南天の朶を見れば有繋《さすが》に口惜しく〉（尾崎紅葉）、〈甲府は流石《さすが》に大厦《たいか》高楼《かうろう》〉（樋口一葉）などとみえ、中世以来一貫して、〈流石・有繋〉あたりが常用といえそうです。これ以外にも、〈遉・有声・雅・了帰〉など多様ですが、もっともよく目にする〈流石〉は、よくしられているように、シナの故事によるものです。すなわち、晋の孫楚《ソンソ》が、〈流レニ漱《クチスス》ギ、石ニ枕ス〉というべきところ、〈石ニ漱ギ、流レニ枕ス〉といいまちがえたのを、石ニ漱ギは歯を磨くこと、流レニ枕スは耳を洗うこと、と故事《こじ》つけ、サスガと感心された、というわけです（夏目漱石の〈漱石〉もここに由来します）。ただし、〈流石・石流〉の表記はあくまで和製、日本人の創作ですから、この漢字語は、本家のシナの人には、〈到底〉などと同様に、かえって謎でしょう。

047

取次筋斗

シドロモドロ
sidoromodoro

しまりなく乱れたさまをいうことばです。〈シドロ〉は〈しどけない〉のシドと同じ。きちんと整っていないさまをいい、〈だらしない〉とも縁つづきです（し・だら→だら・し、の逆さことば）。〈モドロ〉のほうは、〈斑《まだら》〉の母音交替（madara → modoro）、あるいはまた〈もどかしい〉のモドと同根かとも思われますが、〈シドロ〉だけでも同じ意味に用いますので、一種の口調で添えたにすぎないのかもしれません。

この語について特筆すべきは、用字の多様さでしょう。中世に成立の国語辞書、『雑字類書』に〈蹉跎《シドロモドロ》 フシマロブ〉、十五世紀成立の『下学集』に〈取次筋斗《シドロモドロ》〉、十六世紀成立の『運歩色葉集』に〈取次《シドロモドロ》・雨草雨木《シトロモトロ》・緋《シドロモドロ》〉、さらに江戸時代の『早引節用集』に〈四度路《シドロ》〉と、字引の類をたどるだけでもまことに壮観ですが、ほかにも、滝沢馬琴の告白文にみえる〈字行も昤玎兵兵《しどろもどろ》に て且墨《かつすみ》の続かぬ処ありて〉など、珍しいところでしょうか。

〈取次筋斗〉は、高畠藍泉の戯作、『怪化百物語』（明治八年）の序にも、〈取次筋斗《しどろもどろ》と本末《あとさき》もなき怪談に筆を採りしも〉などとみえるところです。〈取次〉あるいは〈乱次〉でシドロと読ませる例は、〈足武《あしなみ》が既に取次《しどろ》になつてゐた〉（徳田秋声）、〈頭も乱次《しどろ》になり〉（二葉亭四迷）など少なくありません。〈乱次〉はまた、〈乱次《しどけな》き寝床《ねどこ》の状《さま》〉（尾崎紅葉）のように読ませることもありました。

一方〈筋斗〉は、孫悟空の乗る〈筋斗雲《キントウン》〉（觔斗雲）の〈筋斗〉で、トンボ、トンボガエリ、モンドリ（～を打つ）などにあてます。〈翻筋斗《トンボガヘリ》〉と〈翻〉を付すことも多いようです（歌舞伎用語）。ここからの転用でしょうか。ほかに押川春浪『海底軍艦』（明治三十三年）に、〈四途路筋斗《しどろもどろ》の海賊船に……〉などともみえます。

もっともこれらの用字は、総じて明治の中ごろまでに集中しているようで、現代は、〈筆がしどろに走る〉（漱石）、〈しどろもどろの千鳥足〉（谷崎潤一郎）のように、仮字書きが普通でしょう。

048 為似

シニセ
sinise

〈老舗《ロウホ》〉と書いてシニセ、国語辞書には〈先祖代々の商売を守っている古い店〉とあります。〈老〉は何代も続いていることを示すわけですが、一方の〈シニセ〉のシは〈仕〉または〈為〉、ニセは〈似セル〉の意で、〈贋物〉のニセにも通じます（似《ニ》セモノに〈贋物《ガンブツ》〉をあてたわけです）。すなわち代々、親が懸命に誠実に続けてきた店の経営をよく見習って、その商売法に似せて堅実に経営していくことから、〈仕似セ〉で、やがてこれに〈老舗〉とあて、ロウホでも用いたわけです。西鶴に〈親の時より次第にしにせたる見せ（店）〉、江戸時代の語源辞書、『倭訓栞』にも〈しにせ　俗語也、為似《シニセ》の義、守世をいへり〉などとあります。

〈老舗〉の宛字は、江戸後期にシナ語から借用しました。〈いと時めきたる剣刀商《かたなや》の老舗《しにせ》なりしが〉（坪内逍遙）など、明治に入るとすっかり定着した観があります。しかし現代中国語では〈老《ウォ》字号《ジーハオ》〉といい、古いシナ語は日本に残るわけです。〈留守・石鹸・牛乳・華魁〉などの同類です。

ちなみにシニセの反対がシモタヤです。これは文字どおり商売をしまいにした、仕舞うた屋↓仕舞屋《シモタヤ》の意です。つぎの世代の息子に家督をゆずり、隠居して家賃や貸金の利子などで豊かに暮らしているもの、というのが江戸時代の原義です。しかしのちには、一般に商家以外のふつうの家をさすようになりました。

またもう一点蛇足を加えますと、〈為似〉に似た〈為替〉はカワセです。現金によらずに決済する方法のことで、ことばとしては〈交換《かわ》す〉に由来、古いシナ語の〈替銭〉などを参考にしつつ、これに〈為替〉とあてたのでしょう（和製の漢字語です）。応仁元年（一四六七）の古文書に〈かはし申し候〉（=為替をくみました）、同じく十五世紀の古記録、〈去年為替一貫文〉などが古い例です。同じころの節用集に〈為銭《カハシ》〉とみえるように、古くはカハシの形で、江戸期に入ると、〈為替《かはせ》手形《てがた》〉（西鶴）のように、現代と同じ形で用いるようになります。

049

東布

シノノメ
sinonome

現代的感覚では、〈東雲〉の表記のほうがおなじみでしょう。シノノメと読み、夜明け、明け方のことです。『万葉集十一』に、〈秋柏《あきかしは》 潤和川辺《うるわかはべの》 細竹目《しののめの》 人不顔面《ひとにはあはじ》 公无勝《きみにあ(た)へなく》〉と〈細竹目〉でみえ、〈篠《シノ》ノ目《メ》〉などともあてます。またほかに、『万葉集』の同じ巻に、〈稲目《いなのめの》 明去来理《あけさりにけり》〉と〈稲ノ目〉（寝《いな》ノ目とも）がみえるように、古代、家屋の作り方で、篠《シノ》や稲《イネ》（藁）を用いましたから、わずかな間《スキマ》をとおしてもれる朝の光、ということで、早朝を譬喩《ひゆ》的に表現したことばのようです。その古く〈しののめの（明く）〉と枕詞として用いられたものが、スライドして夜明けの意になりました。『古今集十三』に〈しののめの別れを惜しみ我ぞまづ……／しののめのほがらほがらと明けゆけば……〉、『源氏物語』にも、〈いにしへもかくやは人の惑ひけむわがまだしらぬしののめの道〉などとみえます。これに〈東雲《トウウン》〉の表記をあてたのは、東の空の雲が朝日に色づくという、夜明けの視覚的なイメージを介しての用字で、さらに後のことでしょう。また雲を布に見立て、〈東布《シノノメ》〉ともあてます。

十五世紀の『雑字類書』に〈篠目《シノヽメ》 或作二東雲《シノヽメト》一、日本ノ世話、早朝ノ義也〉、十六世紀の『運歩色葉集』には、〈篠目《シノノメ》、閉目《同》、東雲《同》、東布《同》〉とみえます。また江戸前期のものには〈凌晨《シノヽメ》、五更《同》万葉、篠目《同》俗字、東雲《同》上二同〉とみえ、〈東雲〉は俗字とあって、古代語では雅語の扱いであったものが、中世以降、〈東雲〉などの表記とともに、日常的な生活用語（世話）へと変質していきます。

なお一九〇〇年ごろの明治の流行歌に、廃娼運動を背景に、〈東雲のストライキ〉（名古屋、東雲楼の娼妓のストライキをいうなど諸説あり）を歌った〈東雲節〉がありました。

050 七五三縄

シメナワ〔八〕 simenawa

ほかに〈注連縄・標縄〉など、いろいろと漢字をあてますが、神聖な区域を明示する縄、〈シメナワ〉のことです。この〈シメ〉を一定の場所をシメル、現代語の独りジメのシメで解している辞書もありますが（たとえば『岩波古語辞典』）、どうも問題です。なぜならば、古くは、〈シリクメナハ〉（『古事記』・『日本書紀』）、〈シリクベナハ〉（『土佐日記』）ともいい、これに〈尻久米縄・端出之縄〉と漢字があてられてもいるからです。縄をなうとき、尻（大本、本《シリ》の一端）のところを固く組ミシメル——の意と考えられるわけです。

そして正式には、こうしてできあがった縄の端から順に、三筋、五筋、七筋とワラの茎（またはワラ束）を垂れさげていき（〈七五三縄〉はこれに由来）、その間に紙四手《シデ》とよぶ、紙でつくった飾りを下げます。したがって、シメはよく縄をシメククルの意で、〈注連〉の表記はこれをあらわしたものでしょう。一方、〈標縄〉はのちの解釈——神前などに不浄なもののはいることを禁じて、一定の占有《シメ》を示すという意——による用字です（〈標〉はシルシの意）。

051

吃逆

シャックリ
syakkuri

生理学的にいうと、横隔膜が痙攣収縮して声門が開き、息が急にすいあげられる発作現象のことです。最古の国語辞書、『新撰字鏡』に、〈歔欷　佐久利《サクリ》〉、同じく百科事典、『和名抄』に、〈噦噎　佐久利《サクリ》、逆気也〉とあって、古代語では、〈サクリ〉です。古言の直音（サ）がのち拗音に変化して〈シャクリ〉となりました。〈しゃくりあげて泣く〉というときの〈しゃくり〉、また（水を柄杓《ヒシャク》などで）〈しゃくう〉（すくいあげる）とも同根語で、上からの圧力を受けて、下から上に気体や液体が逆上するさまがサクル・シャクルの本義です。

中世の国語辞書、『下学集』に、〈噎病《ムセヤマイ》、啘《シャクリ》〉、『運歩色葉集』に〈欬逆《シャクリ》、啘労《シャクリ》、啘《シャクリ》、噦《シャクリ》〉、『易林本小山板節用集』に〈噦《シャクリ》　逆気〉、江戸初期のものに〈呃《シャクリ》、噦噎《同》〉、江戸中期の『早引節用集』に〈噦《しやくり》〉、同じころの『雑字類編』に〈咳逆《シャックリ》〉、幕末の『大字類苑』に〈噦《シャクリ》、呃、呃逆〉など、中近世をつうじて漢字表記もさまざまです（〈啘〉はエッで仏典用語、食物がのどにつまる、またむせぶ意。〈呃〉は不明）。また最後の例のように〈シャックリ〉と促音の〈ッ〉が入るのは、（促音はしばしば省略されますので断定しづらいですが）江戸も後期になってからでしょう。

ちなみに江戸中期の百科事典、『和漢三才図会』には、〈噦《しやくり》　呃逆、和名佐久利《サクリ》……按ニ今噦スル人ヲ見テ乃《スナハチ》叱リテ曰ク汝竊ニテ物ヲ吃《タベ》ラバ則チ止ム。是彼ノ大ニ驚カシムルノ術也。或ハ舌ヲ出サシメテ、仮リニ舌ノ上ニ字ヲ書クマネスレバ則チ止ム〉と、しゃっくりを止める方法が紹介されています。江戸初期、元禄期の雑俳に、〈うしろからおどすしやくりの薬〉、また川柳に、〈出しぬけにぶたれてシヤクリ礼を言〉などともみえ、このあたりの生活の知恵ははやくから共有されていたようです。

さて、現代の国語辞書、たとえば『広辞苑』（第四版）には〈しゃっくり【噦り・吃逆】〉とあり、たしかに〈吃逆〉をみかける機会は少なくないのですが、右のとおり江戸時代までの辞書類をかなり丁寧にあたっても、出所がはっきりしません。もちろん明治以降にかぎれば、尾崎紅葉、『青葡萄』（明治二十九年）に、〈後に連《しきり》に吃逆《さくり》が出て〉、泉鏡花、『三枚続』（明治三十三年）に、〈思はずまた吃逆《しやつくり》をして〉、芥川龍之介、『一塊の土』（大正十三年）に、〈吃逆《しやくり》をするやうに笑ひ出した〉など、用例には事欠きませんが、〈吃《キツ》〉はドモルが本義です。おそらく〈吃逆《キツギヤク》〉は、新しく日本人が創作した漢字語なのでしょう。現代中国語では〈呃逆《アイギヤク》〉です。

052

心切

シンセツ
sinsetu

現代では〈親切〉ですが、古くは〈心切・深切〉です。西鶴の俳諧に〈心切ぶり〉、江戸川柳には〈深切に呵る関所の裏通り〉とみえます。江戸後期、滝沢馬琴もその日記（天保九年・一八三八）に、〈心切・信切・深切・老婆深切〉などと用いています（〈親切〉もまれにみえます）。明治時代に入っても、坪内逍遙が、〈老婆深切・深切〉（『小説神髄』）、樋口一葉も、〈心切・深切・信切〉（『にごりえ』ほか）を用いていますし、尾崎紅葉の小説にも〈深切が無になるから〉などとみえ、いまだ〈心切・深切〉が健在です。

いつごろ〈親切〉にかわったか、中世の国語辞書、『運歩色葉集』に、〈親切〉とみえるのがはやい例ですが、その時期は必ずしも明確にできません。〈心切・深切・親切〉はいずれも日本製のようで、おそらく源流はシナの仏書、『伝灯録』（一〇〇四年）にみえる〈老婆心切〉にあり、この四字熟語が、〈老婆心〉と〈心切〉に分かれ、後者は〈心〉の字が、ときに同音の〈信・深・親〉

などに置きかえられながら定着していったのでしょう。

〈心切〉の〈切〉は、キルの意が原義ですが、〈切望〉というように、しきりに、切実などの意でも用います。人間にとってこのうえなく切ナルモノが〈大切〉で、（上の〈切望〉と同様に）日本人が創作したことばです。日本人は、はじめてポルトガル語の〈愛〉と出あったとき、彼らのいう神の愛を仏教的な慈愛と同じものとはせず、〈大切〉と訳しました（同じように十九世紀のはじめ、英語のラブを〈財宝〉と訳しています）。〈心切〉の〈切〉もまた、この〈大切〉の〈切〉と同様、日本独自のコンセプトをもって用いられてきたものでしょう。現代中国語では〈好意《ハオイ》・厚意《ホウイ》〉です。

053

捨罪

ステバチ
sutebati

ステハリツケ（捨磔）の短縮形。ステハリツケ↓ステハッツケ↓ステバッツケ↓ステバチと変化、〈ステバッツケ〉の語形でも用いられました。

江戸時代、磔《ハリツケ》の刑に処せられて、そのまま捨て置かれたのが〈捨磔〉です。したがって、まず役立たずなどの意で用い、さらにどうにでもなれという気持ちで、人への罵りことばとしても用いました。武士の間から発生したものでしょう。

江戸中期の諺集、『諺苑』に〈弃《ステ》〔＝棄〕張付《バッツケ》〉、式亭三馬、『四十八癖初』に〈ふて寝の捨磔《すてばっつけ》〉、また『春色梅暦』に〈其所《そこ》の座になると捨罪《すてばち》をいふわな〉など、江戸後期の用例です。珍しいところでは、〈危《すてばち》〉などもみえますが、現在一般的に用いる〈捨鉢〉はみあたらず、こちらはおそらく明治になってからの宛字でしょう。〈捨鉢《すてばち》の身は砲丸の的にもなれよ〉（徳富蘆花『不如帰』、明治三十三年）など、はやい例かと思われます。

現代中国語では〈自暴自棄《ジバオジキ》〉を対応させますが、〈人を人臭いとも思わぬような、自暴自棄《すてばち》な気性を見せて来た〉（近松秋江『別れたる妻に送る手紙』、明治四十三年）と、日本の側でもこれをステバチと読ませた例がみえます。

054

図法師

ズボシ〔ツ〕
zubosi

〈さう、極めてござんすのと図星をさゝれて〉（樋口一葉『たけくらべ』、明治二十九年）のように、核心・急所（をいいあてる）の意味で用いる〈図星《ズボシ》〉ですが、この表記は実はのちにあてたもので、こちらの〈図法師〉が正式です。ズボウシが短縮して、ズボシとなりました。

図法師というのは本来、江戸時代、鍼灸の治療法、いわゆるツボを伝授するためにシナで開発された銅製の人体像のことです。西鶴の俳諧に〈銅人形〉とあり、これが正式の呼称ですが、江戸中期の黄表紙には、〈売薬見世《ばいやくみせ》の胴人形《どうにんぎやう》〉などともみえます。やがて木製や紙製（張子）のものも作成され、それらにツボ（穴処・経絡）を描き込んで示したわけです。雑俳に、〈灸の伝真更《マッサラ》我は生き図法師《ツボシ》〉とみえますが、時代がくだると、これらのツボ自体のことをもズボシとよび、〈図星〉とあてるようになりました。幕末の人情本、『清談松の調』にも、〈探《さが》すと誠《まこと》に図星《づぼし》さ〉とみえ、江戸後期は〈図星〉が主流です。また〈……トほしをさ、れ、はツトせし〉（洒落本『大通秘密論』、安永七年・一七七八成）のように、〈星をさす〉とも用い、これは明治期、一葉の『にごりえ』にもみえます。とはいえ、〈ズボシをさす・ズボシにあたる〉といった表現の背景にあるのは、銅人形のツボを針で正確に刺すイメージでしょう。

ヘボンのように、〈ズボシ　図星　的の中央の黒いところ、図星ニアタル〉と、矢の的《マト》の中央にある黒い部分をさすとの語源解もありますが、用例をたどるかぎりズボシを外しています。やはり〈図法師〉の解をとりたいところです。

055 角觝

スモウ
sumō

〈スモウ〉という日本語の古形は〈須末比《スマヒ》〉、力を競う意の動詞、〈すまふ〉の名詞形です。約千年はスマヒを用い、スモウは新しいわけです。スモウは音便形で、スマヒ→スマウ→スモウとなりました。

当麻《タギマノ》蹶速《ケハヤ》と野見宿禰《ノミノスクネ》と〈すまひとらしむ〉（『日本書紀』）と、五世紀にみえるスマヒがごく古い例でしょう。平安時代には天皇の前で全国から力士を集め、〈すまひの節《セチ》〉を行ったといいます。はやくに宮中の年中行事として定着していたわけです。中世の国語辞書、『下学集』には、〈相撲《スマウ》〉がみえ、これなどスマウ（スモウ）のはやい例といえそうです。

漢字表記としては、『和名抄』（十世紀成）に、〈相撲　漢武故事ニ云フ角觝、今ノ相撲也……和名、須末比《スマヒ》〉とあるように、〈相撲《ソウボク》・角觝《カクテイ》〉がふるく、いずれも比較的近い内容の、力比べを意味するシナ語から借りたものです。〈相撲《ソウボク》〉はたがいに体を撲《ブツケル》、〈角觝《カクテイ》〉のほうは、角《カク》に比べる・競う、觝《テイ》に触れる・側撃するの意があります。〈觝戯《テイギ》〉といえばスモウのワザのことです。また江戸中期以降は、〈負《まけ》まじき角力《すまひ》を寝物語かな〉（与謝蕪村、天明四年・一七八四作）のように〈角力〉もみえますが、こちらは日本人が造語しました。『当用俗字之手控』（文化十二年・一八一五）には、〈相撲《スマイ》、角力《同》〉とあります。いうまでもなく、相撲界を〈角界《カクカイ》〉とよぶのは、この〈角〉を採ったわけです。

ちなみに力士の名をシコナとよび、四股名とあてますが、これは醜名《シコナ》が正式で、芸名などと同じく実名を避ける一種の忌《イ》み名です。霊力をもつものとして本名と別に用いました。シコを踏むという動作によって、勝負に先だってこの霊力をよびだし、体内に力をみなぎらせるわけです。

056

躮

セガレ
segare

『国語新辞典』（研究社）に、〈悴《セガレ》〉について、〈⑴自分の男の子をへりくだっていう語 ⑵少年を卑しめていう語 ⑶自分の陰茎〉とあります。江戸時代以来、ほぼ変わらずこのままの意味用法で用いられてきました。ただし江戸前期、西鶴の『世間胸算用』に〈一人ある躮《せがれ》〉と、和製の〈躮〉でセガレがみえますが、ここは息子ではなく、娘をさします。セガレは〈痩《ヤ》せ枯《ガ》れ〉が本源で、ヤセガレ→セガレと変化しました。したがって江戸時代には男女ともに呼んだわけです。それどころか自分自身をセガレと称した例もあります。またコセガレという場合がそうですが、右の⑵にあるように、息子云々にかかわりなく、少年をおとしめてこうよぶこともあります。また江戸の川柳には、〈悴がおやくに立たないで女房ぐれ〉と右の⑶の意味でもみえます。いずれにせよ、典型的な近代語です。

漢字表記は〈悴《セガレ》・倅《セガレ》〉が一般的でしょうが、江戸時代には〈賤息《セガレ》・痴児《セガレ》・愚息《セガレ》・世悴《セガレ》・悴子《セガレ》〉などさまざまな用字が字引類にもみえます。変わったところでは上にも紹介の〈躮《セガレ》〉があります。親の分身、というところでしょうが、江戸後期の国語辞書、『いろは節用』には、〈躮《セガレ》 俗字〉とみえ、このころには一般的になっていたようです。

〈躮〉と同類の漢字に、〈俤《オモカゲ》・凩《コガラシ》・閊《ツカエ》・峠《トウゲ》・栬《モミジ》・鑓《ヤリ》・⿰女氣《ハニカミ》……〉などがあります。当時は〈新《しん》在家《ざいけ》文字〉などといいましたが、十六世紀ごろ、京都、上京の一角に住む連歌師などによって創作された漢字群です。〈俤〉は弟が兄のオモカゲをもつ、というところからでしょう。また最後のハニカミなど、シナのことばに対応一致する語がみいだせず、工夫を凝らしてひねりだした傑作、日本人の造語能力の発露といえそうです。ただしこの類には、西鶴や芭蕉が愛用した〈泪《ナミダ》〉のように、一見国字のようでいてシナ製、という曲者も混じっているので油断は禁物です（→恋水《ナミダ》）。

057 湾諷

セリフ
serihu

舞台などで役者ののべることば、ということで〈台詞《セリフ》〉とあてることが多いようです。現代中国でもふつうに使いますので、おそらくシナからの借用でしょう（ただし〈臺詞〉が正式）。日本語の〈セリフ〉は本来、セリが競争、フは曲節《フシ》、またその文句のことです。近松門左衛門「長町女腹切」（正徳二年・一七一二上演）に、〈お花はこちらの奉公人、おやじとのせりふならどこぞ外でしたほうがよい〉とあって、言い争いのような意味で用いています。また江戸後期の滑稽本『浮世風呂 四序』では、〈紺屋《こんや》の明後日《あさって》、作者の明晩、久しい分説《せりふ》〉と、こちらは決まり文句の意に近い用法です。〈分説〉とあてるのものめずらしいところですが、こうした本来の意味内容から次第に用法が限定されて、江戸後期に、芝居で役者が演技の一環として〔互いにきそって〕用いることばをさすようになったようです。

ちなみに〈せりふ〉の用法に関して、変わったところでは、洒落本、『開学小筌《へきがくしょうせん》』〔宝暦五年・一七五五?〕にみえる例があります。すなわち、〈一此卦のげいこせりふなしにおさへてよし、とこ入のたのしみ此うへなし〉〔山王大畜〕、〈一此卦の女郎は……せりふをよくつけばよきせりふできてまことよろづさはりなし〉〔地雷復〕、〈一此卦の女郎はとかくせりふきびしくくぜつ〔痴話喧嘩〕おゝし〉〔地水師〕などとみえ、芸妓・女郎が客に体を許すときの条件について話合いをすること、といった意味あいで用いられています。

さて、〈科白〉もセリフですが、科は役者の仕草、白は自白・告白などと用いるように、申す・話すの意で、こちらも〈脚色〉などと同じく、中世のシナ語からの借用です。江戸時代には、さきの〈分説《セリフ》〉のほかに〈演説《セリフ》・台辞《セリフ》〉などとも書き、さらなる変わり種として、西鶴に〈湾諷《セリフ》〉、鶴屋南北に〈捨芹麸《ステゼリフ》〉がみえます。〈〔若衆役者、鈴木平八の〕湾諷《せりふ》を梵音金口《ぼおんきんく》に聞なしける〉〔『男色大鑑』〕、〈湾諷《せりふ》にかけても一枚〔枚〕が物は朝はら〔＝ごくたやすいこと〕じや〉〔『難波の皃は伊勢の白粉』〕など前者の例です。〈湾諷〉の〈諷《フウ》〉は節つけてよむ、うたうなどの点で了解できますが、〈湾〉の字は話す、言うとは無縁のようで、その由来は未詳です。〈捨芹麸〉の〈芹〉は語呂合わせのようでいて、実は野菜のセリも〈競り〉から来た名ですので、語源的には正統といえそうです。

058

紙鳶

タコ
tako

漢和字書には〈蛸《ショウ》〉は本来、脚高蜘蛛《アシダカグモ》かカマキリの子ども、〈蚆《ソウ》〉は蚤《ノミ》をさすとあります。しかし日本ではこれらの字に、形の類似や脚が八本ある点から、海にすむ軟体動物のタコをあてました。ほかに〈章魚《ショウギョ》〉もタコですが、これは〈鱆《ショウ》〉を二つに分けて書いたもので、いずれもシナの人の創作、正統な用法です。日本語の〈タコ〉は手子《タコ》、手（＝脚）が多いことに注目しての命名でしょうか。幕末の『魚鑑』には〈多股《タコ》　あしおおき　の義なり〉との解もみえます。

一方、天高くあげるほうのタコは〈凧《タコ》〉ですが、これは風と布をあわせて創作した和製、〈凩《コガラシ》・凪《ナギ》〉などの仲間です。一方、シナでは〈紙鳶《シエン》〉と書きましたので、こちらも借りて活用しました。江戸中期の国語辞書、『早引節用集』には〈紙鳶《いかのぼり》《たこ》〉と、読みとして〈イカノボリ・タコ〉が並記されています。この点、同じころの方言辞典、『物類称呼』を一見すると、〈紙鳶　いかのぼり◯畿内にて○いかと云　関東にて○たこと云……長崎にて○はたと云　上野及信州にて○たかと云〉とあって、上方でイカ・イカノボリ、関東でタコと呼び分けていたことがしられます。同書にはまた、〈上かたにては　いかをのぼす　といふ　江戸にて　たこをあぐる　といふ〉とあって、動詞についても西でノボス、東でアグルと異なりがあったようです。ちなみに江戸では、〈紙鳶《とんびだこ》〉

〈『東海道四谷怪談』〉などの呼称もおこなわれました。また上方のイカは、タコと同様、空中で尻尾がなびく形からの命名でしょう。

明治に入っても、〈フランクリン先生に入門せずとも紙鳶《たこ》に越歴《えれき》の伝はる訳《わけ》〉（「団団珍聞《まるまるちんぶん》」、明治十年）と、東ではタコが健在です。ただし樋口一葉『うもれ木』（明治二十五年）には〈紙鳶《いかのぼり》の昔しを言へば〉とみえますので、下町ではイカとも用いたのかもしれません。

〈紙鳶〉は本来、〈鞦韆《ブランコ》〉（古くはブラランコ）などと同じく、シナ経由で伝来した異族の風習が根源といわれますが、英語でも、凧と鳶《トビ》の双方をカイトkiteと同じ語でよびます。遠く万里を隔てて同じ発想がうかがえるようで痛快です。

059

山車

ダシ
dasi

樋口一葉『たけくらべ』に〈千束《せんぞく》神社のまつりとて山車《だし》屋台に町々の見得《みえ》をはりて〉とあるように、江戸東京の祭礼には、神輿《ミコシ》と並んで欠かせぬ存在でした（西では山鉾《やまぼこ》・車楽《だんじり》とよびました）。

本来ダシは、花などで飾り立てて車にのせる上物（屋台）のみをさしましたが、しだいに車を含めて全体をこうよぶようになりました。ちなみに、神輿が神様の乗り物であるのに対し、山車は基本的には神様の〈依《よ》り代《しろ》〉として構想されているといわれます。

『東都歳時記二』（天保九年・一八三八）の〈山王御祭礼〉の記事に、〈産子の町には今日より出《だ》し、邌《ねり》物、列をなして街をねりありく。故にねりともいふ〉とみえます。さらに、明治期の『東京風俗志上』（明治三十二年）には、神田神社大祭と関連する記事に、神輿につづいて、〈山車《だし》、踊屋台《おどりやたい》、邌物《ねりもの》これに従う〉とみえ、〈山車には鉾山車《ほこだし》、花《はな》山車《だし》の二あり〉と絵入りで解説しています。〈近来町々には電信・電話・電気燈等の線、蜘蛛の巣を張るが如くに架設せられたれば、高大なる山車は通じがたく〉ともみえます。

どうして山車《サンシャ》でダシなのか、一つの解は、むかし武士がかぶとや指物の先端につけた飾りを〈出《ダ》し〉（出し示すの意）といった点と結びつけようとするものです。しかしもっと直接的に、花などの飾り

れは
電信、
電話、
電氣
燈等
の線、
蜘蛛

ば、高大なる山車は通じ難く、爲めに其
木偶を神酒所に飾りなどして輓き出
さざること多かり。また近時
に至るまで手古舞と稱へ、町
中の娘、または氏子中の藝妓

〈山車と踊屋台〉
平出鏗二郎『東京風俗志』
明治32年

物を車屋台の上にのせて出ス、というところからダシとよんだと考えられます。のちになってこれに〈山車〉とあてたのでしょう。いろいろな品物を棚に飾って、人々に見セルところをミセといい、〈店《テン》〉の字をあてるのに似ています（店は別にタナ＝棚ともよびます。これはいろいろなモノを棚に置くからです）。

また〈山車〉の用字については、西の〈山鉾《やまぼこ》〉や〈車楽《だんじり》〉、それに屋台の車などを意識して創作、造語したものでしょう。モノ自体が本来は京大坂のものですから、表記についても部分的に拝借したというところでしょうか。ただし安永五年（一七七六）に江戸で刊行の噺本『高笑』に、〈祭のだし〉とみえ、川柳にも〈だしの人形よい〳〵（中風のような病気のもの、江戸俗語）の急ぐやう〉などとあって、漢字を用いるのは幕末か明治に入ってからでしょう。

060
厄
タシナミ
tasinami

酒も煙草も嗜《タシナ》まぬ私――もっとも下戸《ゲコ》の建てたる蔵もなしの諺のとおり――は、三畳ほどの空間を仕事場に無能無芸、ひたすらコトバの究理に身を苦しめていますが、するとふとした折々に日本語と漢字の精妙な関係に気づかされます。

たとえば日本語の〈シヅ（カ）〉について。これは〈鎮《しづめる》・沈《しづむ》・閑《しづか》・賤《しづ》〉など、複数の漢字に対応していますが、動詞・形容詞・名詞と少しずつ姿（品詞）を替えつつも、シヅの本質はただひとつ。共通する要素を分有しています。一方、漢字（シナ語）のほうは個別的で、別字（別語）がいくつも並び、その異質さがきわだちます。日本人にとって、〈電《デン》・風《フウ》・取《シュ》〉は、イナズマ、カゼ（擬音）、手《ト》ルと対応しますが、漢字に含まれる〈雨・虫・耳〉といった要素はほとんど切り捨てられています（カゼの漢字がなぜ虫をもっているのか、気にかけることはまずないでしょう……）。両者のへだたりをしっかりと心にとどめ、漢字は一種の擬装、と見きわめることが大切です。

さて、〈嗜《タシナ》む〉は酒にも俳句作りの場合などにも用いられ、〈嗜《タシナミ》〉はその名詞形ですが、同じ他動詞でも活用が変わって〈窘《タシナ》める〉は悪戯などを注意するの意となり、日本語の巧妙なるアヤに思わずうならされます。さらに形容詞、タシナシは古典語ですが、〈苦《たしな》きを息《しの》び身心楽しくならむ〉（仏典、九世紀）など、これには〈苦〉の文字さえあてています（おそらく〈確か〉のタシも同語源）。そうです、タシナムは、歴史的・語源的には、困苦などを耐え忍ぶ、が原義なのです。『日本書紀』には、〈黎元《おほみたから》（人民）の厄《たしなみ》を救ふ〉の例もあり、古辞書ではタシナムに、〈苦・厄・困・難〉などとあてています。

中世、元亀二年（一五七一）成立の国語辞書、『運歩色葉集』には、〈嗜《タシナミ》／龍鐘《リウセウ》〉の二語をあげて、後者、タシナミと同じとみえます。〈龍鐘〉は〈行きなやむ〉意の古典シナ語ですから、このころはまだ、タシナミは古代語を一部ひきずっているわけです。しかし『日葡辞書』（慶長八年・一六〇三）では、タシナミを〈慎み、礼儀正しさ〉と解説、すっかり古代を脱却した観があります。

こうして近代語（私は十四世紀以降と設定）の世界となり、〈気をつかう・つつしむ・前もって用意する〉などの意味に転化・固定し、江戸時代では西鶴に、〈落日を人に見せぬが女房のたしなみ〉、あるいは〈女郎おもひ〳〵の身嗜《みだしなみ》みる程笑《おか》し〉などとみえます。さらに幕末の国語字引（『早引節用集』）では、〈嗜《たしなむ》　食を　慎《たしなむ》　心に　憒《たしなむ》　同上　窘《たしなめらる》〉と、やはり様変わりした日常語として、細かな分類とともにみえます。そして現代では、技芸・分別・嗜好・礼儀など、分野別に多義的な表現として用いられるわけです。〈身だしなみ〉には英語、toilet などがあてられるようですが、コトバのタシナミこそ、人と人、国と国の交渉に欠かせぬところでしょう。

061

単皮

タビ
tabi

宛字百景の旅も峠をすぎたあたりということで、タビについて考えてみます。まず最古の百科事典、『和名抄』をひもときますと、〈単皮　多鼻〉とみえ、履物として古代から愛用されていたことがうかがえます。一枚の皮で作るので〈単皮〉とよんだのでしょう。現代は〈足袋《タビ》〉の表記がふつうですが、これは江戸初期にやっとみえる新しい用字です。

おそらく日本語のタビは、この〈単皮《タンビ》〉からタンビ→タビと変化したことば、タは単、ビは皮をあすわけです。ではその〈単皮〉とは何か。『和名抄』の按文には〈野人、鹿ノ皮ヲ以テ半靴ト為シ、名ヅケテ曰ク多鼻、宜シク此単皮ノ二字ヲ用フベシ〉（原文漢文）とみえ、鹿皮製の〈半靴〉

という説明です。〈半靴〉はおそらく『万葉集十四』の〈裏沓《シタクヅ》〉、もしくは同じ『和名抄』に〈襪之多久頭《シタクツ》〉とみえるところに近く、靴（藁・木・皮が素材）をはくときに一緒に用いたのでしょう。素材こそ違え、現在のタビ・靴下と同じような存在と考えられます。

一方、その後のタビの表記の変遷についても駆足で確認しておきますと、中世の『下学集』には、今でいうブラジャーにあたる〈乳隠《チカクシ》〉などと並んで、〈絹布門〉に〈蹈皮《タビ》〉とあります。そして江戸初期、西鶴の『好色一代男』に〈革蹈《たび》・足踏《たび》・足袋《たび》〉の三種がみえ、〈皮・革〉の字を含まない〈足袋〉の表記が注目されます。同時代の『俳諧類船集』には〈足皮《たひ》〉と、いまだ古代をひきずる表記がみえるものの、あるいはこのころから、タビの素材として木綿が登場し、しだいに皮革にとってかわったのではないでしょうか。幕末の川柳には〈足袋の紐いそげば廻るこま結び〉、また馬琴の日記にも、もっぱら〈足袋・足袋屋〉とあって、このころには〈皮・革〉の影がすっかり薄くなります。

なお江戸中期の異体字研究書、『俗書正譌《ぞくしょせいか》』には、〈足袋俗也　足衣正字也〉とあって、古典シナ語としては〈足衣〉が正式です。明治期に入って、ヘボンの『和英英和語林集成』（明治十九年）にも〈足袋〉はみえず、〈タビ、短襪　stockings, socks〉とあります。

ちなみに江戸中期の語源辞書、『倭訓栞』には、〈旅にてはく〉ゆえにタビ、とありますが、これは本末転倒の解でしょう。

062 癡漢

タワケ（八）
tawake

おろかな行為をすること、あるいはそうしたふるまいに及ぶおろか者の意で、しばしば人を罵倒するさいにタワケが発せられます。江戸時代の滑稽本『浮世床』にも〈当人は居候になつてまごつく程な癡呆《たはけ》だから／三馬の大癡漢《おほだわけ》。汝書賈《ほんや》のやりくりをしらずや〉などとあって、現在と同じ調子の痛罵を聞くことができます。

しかし〈戯《タワム》レ（タハブレ）〉など、同系のことばを含めて時代をさかのぼってみますと、『日本書紀』〈応神二十五年条（五世紀）〉に、〈王ノ母ト相婬《アヒタハ》ケテ〉とみえます。意外なことに、〈タハク〉で、不倫な性関係を結ぶことをさしているわけです。ほかに〈鶏婚之罪《タハケ》〉のようにあてる例もあり、〈婬《タハ》レ〉でも同じ意味に用いられました。先の〈癡呆《タハケ》〉あたりとはずいぶんへだたりがあるようですが、正気を失って口走る妄言を〈戯言《タハゴト》〉とよぶ点などを考えあわせると、道徳的な逸脱、ひろく常軌を逸する行為全般が、〈タハケ〉ということでしょう。江戸川柳に、〈たわけ同士の馬鹿くらべ釣人見人《へるひとひるひと》〉とみえます。明治期にはいっても、〈馬鹿《ばか》だ白痴《たわけ》だ〉（幸田露伴『五重塔』）と、江戸っ子の言い分は伝流するわけです。

江戸中期の辞書類はほぼ、〈戯言《タハコト》　妖言、狂言並ニ仝《おな》ジ。戯気《タハケ》、白癡《同》、倥侗《同》〉（『和漢音釈書言字考節用集』）といった調子なので、十六世紀ごろからは、現代と同じ〈ばか・おろか〉の意に集約されている様子がうかがえます。発音も仮字表記も、このころにタハケ→タワケと転じました。

なお蛇足ながら昨今、世を騒がす〈痴漢《チカン》〉（漢はシナ語で男子のこと）には——三馬の〈癡漢《タワケ》〉とほぼ同じ字面ですが——日本語のタワケを介して〈婬《タハ》レ〉のほうへと、思わぬところで先祖返りしている気配もみえます。

063 鳥渡

チョット
tyotto

江戸の川柳に、〈一寸《ちよつと》した分別をする小便所／鳥渡《ちよつと》出るにも御草履か七八駄／一寸《ちよつと》した義理は天気の噂也／一寸《ちよつと》ひく琴に風呂敷ひらにかけ／ちょいとした異見大酒はよしなんし〉と、チョット・チョイトは江戸っ子の日常生活語でした。幕末から明治初期にかけて活躍の噺家、三遊亭円朝作『牡丹灯籠』にも、〈誠に善ささうな魚だナ鳥渡《ちよつと》御《お》見《み》せ〉とみえ、また明治文学の雄、二葉亭四迷は〈「一寸《ちよいと》！」と隠居の声〉（『平凡』）と江戸っ子訛りを効かせています。〈鳥渡・一寸〉とも、江戸後期以降は常用漢字といってもよいほどの、おなじみの用字でしょう（江戸後期の戯作にはほかに〈霎時《ちよつと》〉もよくみえます）。

時代をさかのぼりますと、中世の禅僧によるシナ古典の講義録に、〈鼻のさきがちよつと赤う〉

とあり、中世の現代劇、狂言にも〈でも・もしもし〉と並んで〈ちよつと〉が用いられています。チョットは、話しことば、近代口語として、十五、六世紀ごろから出現したと考えられます。江戸初期、西鶴の『西鶴置土産』には、〈紙一枚ちよろまかすといふ事なし〉とチョロマカスがみえ、これについて西鶴の他の作に、大坂の流行語で、〈チヨツト、チヨロツト〉ごまかすことと説明されています。このころには日常語としてごくふつうに用いられていたのでしょう。また十八世紀に入って、本居宣長、『古今集遠鏡』に、〈梅ノ花たちよるばかり有《あり》しより人のとがむる香にぞしみける〉（春歌上）の口語訳に、〈梅ノ花ノ下ヘチヨツト立ヨツタト云ホドノ事ガアツタガ……〉とあって、鈴屋大人《すずのやのうし》の講義に臨場感を添えています。

このように話し言葉のなかで生きてきたことばですので、文字になり漢字をあてられるようになったのは意外に新しく、はじめにあげた江戸川柳や、幕末の人情本、『春色梅暦』に、〈また鳥渡皈《ちよつとかへ》りたくなつた〉などとみえるのは、比較的はやい例ではないかと思われます。同じころの人情本には〈即席惚《ちよつとぼれ》〉（一目惚れに同じ）もみえます。

〈一寸《チョット》〉は、〈一寸時→一寸〉と短い時間を示すのが根本ですが、その内容は豊かです。〈一寸の虫にも五分の神《たましい》〉とあるように、〈一寸の〜〉の内容を〈一寸〉のみで表現しています。ちょうど〈天下晴れてすばらしい振舞〉から〈天晴《アッパレ》の振舞〉と〈天晴〉が創られたように。また〈彼は一寸イカす男だね〉となると、少しどころか全面肯定でかなりのイケメンの意、逆に〈一寸それは僕にはできない〉と打消の形をとると全否定の含みにもなります。〈一寸した考えがある〉というと、これまた相当に重い評価のできそうな名案とみえて、なかなか奥が深いようです。

〈鳥渡《チョット》〉の用字については、『万葉集』に〈愛《かな》しき鴨《かも》〉と詠嘆の助詞、カモを〈鴨〉と書くのに似て、単に音を示すにとどめます。漢字の意味は無用で、こうした漢語の造語法はシナの人はしません。日本人独自の手法です。

さて最後に、シナ俗語由来と思われる珍種をいくつか。幕末編集の宛字辞典、『大字類苑』には、当時のシナ俗語、白話小説の訳語に、〈摘　語《チヨツトハナス》〉、〈一杯淡酒又不長久《チヨツトイツパイオテマハトラセマセヌ》〉がみえます。また坪内逍遙、『内地雑居未来之夢』（明治二十年）では、〈今しも看一看《ちよつとみ》たりし手紙〉、あるいは〈瞥一瞥《ちよつとみ》れば〉のように用いています。これらは〈看一看《カンイイカン》／瞥一瞥《ピエイイピエ》〉というシナ俗語を借りたものです。

064 択食

ツワリ（ハ）
tuwari

突キ張リ↓ツハリと短縮した形です。江戸中期の国語辞書、『倭訓栞』にも、〈つはり　衝張の義なるべし〉とみえ、女胎の内部から生命が、そのきざしが、突キアゲ、突ッ張ルさまでしょう。少し前まで、元気な若者たちをツッパリとよんでいましたが、あれとも同根語です。

漢字表記は、最古の国語辞書、『和名抄』に、〈擇食　和名、豆波利《ツハリ》〉とあって、〈擇食《タクショク》〉が正式です。『梁塵秘抄』に、〈択食魚《つはりな》に牡蠣《かき》もがな〉、つわりの時期に食べる魚は牡蠣がよい、などともみえ、江戸時代まで、ながく受け継がれた表記でした。食ヲ擇《エラ》（択）ブで、妊婦が特定の飲食物のみを選択する、選り好みするといった含みでしょう。幕末の江戸語辞典、『俚言集覧』には、用字〈擇食〉について、シナの文字研究の古典、『説文解字』の〈婦始孕腜兆也〉を引用、〈腜は梅と通ず身ゴモリテ酸味ヲ好ム意なるべし〉とみえます。〈読書〉などと同じく、シナ古典の表現をもとに、〈擇食《タクショク》〉と日本流に漢字語を創作、これにツワリをあてたわけです。

一方、中世の国語辞書、『早大本節用集』に〈悪阻《ツワリ》〉、江戸中期の節用集に〈悪阻《ツハリ》、妊病《同》、択食《同》順和名〉、江戸後期の日本・シナ比較語彙集『雑字類編』にも、〈悪阻《ツワリ》、悪食、悪孕、阻病、病鬼〉と今日常用の〈悪阻〉がみえ、幕末にかけて、〈択食〉のほうはしだいに影が薄くなります。幕末、蘭学者たちの一大事業たる百科全書の翻訳『厚生新編』でも、〈此病婦人に在るものを羅甸米刺《マラ》西亜《シア》と名ッく、按に所謂悪阻なり〉と、やはり〈悪阻〉がみえますが、ただしここは〈悪阻《オソ》〉とよませるようです。もとはシナの漢方書『千金方』の、〈悪心〔気持悪イコト〕其ノ食欲ヲ阻ム也〉から出た古典シナ語で、重いツワリという含みがあったようですが、現代中国ではもっぱら〈孕《ユン》吐《ツウ》〉で、〈悪阻〉は使いません。〈留守・牛乳〉などと同じく、シナで廃され日本に残った例です。

065

兎角

トカク
tokaku

〈智に働けば角が立つ。情に棹させば流される。意地を通せば窮屈だ。兎角にこの世はすみにくい〉と、漱石、『草枕』冒頭のよく知られた一節に〈兎角《トカク》〉が出てきます。漱石は宛字の大家として有名ですが、これは文豪の独創云々とは無縁で、古くからの、伝統ある用字です。
〈とかく〉は〈と＋かく〉と、副詞をふたつ重ねて〈あれこれ、いずれにせよ〉といった意味で用い、『土佐日記』のむかしから、〈夜ひと夜、とかくあそぶやうにて明けにけり〉のようにみえることばです。時代が下ると、はじめ〈左右《トカク》〉とあて、やがて〈兎角《トカク》〉が一般的となりました。

さらにさかのぼりますと、『万葉集三』、〈妹が家に咲きたる花の梅の花実にしなりなばかもかくもせむ〉の末の句が、万葉仮字では〈左右将為《カモカクモセム》〉の表記ですが、この〈左右《カモカクモ》〉あたりがおそらく、〈左右《トカク》〉の用字の源流でしょう。〈兎角〉とならんで、こちらも明治期以降まで、〈是で左右《とかく》嫌はるゝじや〉（尾崎紅葉『金色夜叉』）のように用いられました。

〈兎角〉は、中世の辞書、『運歩色葉集』に、〈兎角《トカク》　トモカクモ〉とみえ、江戸中期の『早引節用集』には〈菟角《トカク》〉、西鶴、『好色一代男』にも、〈〔髪の毛は〕兎角《とかく》、目のまへにてきらし給へ〉となどとあって、中世以降は常用の表記です。

この点、〈鳥渡《チョット》〉などと似たタイプの用字のようですが、こちらはその背景をなす故事が知られている点が異なります。中世の百科事典、『塵添壒嚢抄《じんてんあいのうしょう》二』に、〈兎角《トカク》ノ事〉として、僧、空海の『三教指帰《さんごうしき》』を引用して、〈亀毛先生、兎角公、蛭牙公子《シツガコウシ》トテ、各ノ无《ナキ》物ヲ出サレタリ。亀《カメ》ニハ毛ナシ。蛭《カハヅ》ニハキバナシ、兎《ウサギ》ニツノナシ……〉とみえます。実際にはありえないものをあげて、あれこれと思いをめぐらせているわけで、兎にないはずの角、という不条理をはらんだ表現ということになります。別に〈兎角亀毛《トカクキモウ》〉などとも用いました。

066

桃花鳥

トキ
toki

江戸中期の国語辞書、『和漢音釈書言字考節用集』には、〈鴾《トキ》ツニ出ス 朱鷺《同》／鴋《ツキ》 紅鶴《同》 朱鷺《同》 鴾《同》 俗字 桃花鳥《同》日本紀〉とトキ・ツキの両呼称でみえ、トキを正式としています。〈鴋《ツキ》〉についてはシナの古辞書、『玉篇』にありとことわりがみえますが、日本では古くはツキとよんだわけです。

中世には〈鴾《ツキ》〉がみえますが、江戸初期成立の絵入百科事典、『訓蒙図彙《きんもうずい》』に、〈紅鶴《こうくわく》 つき俗云たう……紅鶴一名朱鷺《しゅろ》〉とあって、古代のツキが、漢字はさまざまながら江戸初期までつづき、トウ・シュロとも呼んだようです。

古くはツキが正式で、〈鴋《ツキ》〉の字を用いていたのが（『和名抄』など）、江戸時代に入ると訛ってトキとなり、今日に至るわけです。江戸中期の俳句に〈桃花鳥《とき》〉とみえ、幕末の『武江産物誌』では、〈紅鶴《とき》本所〉とあって、江戸の空にもトキが飛翔していたのです。

なお現代の『国語新辞典』（研究社）にも、〈桃花鳥《トキ》・鴇《トキ》〉を示していますが、子どものころ、母の口からよく〈トキ色〉（鴇色《トキイロ》）ということばが出るのを耳にしました。〈桃花鳥・紅鶴〉の呼称と同じく、トキの羽の桃色、淡い紅色を示唆したものでしょう。

また同じように古代から江戸中期にかけて、かなり自由に漢字があてられた鳥に、ホトトギスがあります。『万葉集』ではもっぱら、〈霍公《カイコウ》鳥〉と示し、中世の国語辞書、『下学集』には、〈杜鵑〉とみえるのみですが、はじめにあげた国語辞書には、〈杜鵑　蜀魄　子規　謝豹　田鵑　鶗鴂　買鵤　不如帰　別都頓宜寿　時鳥和俗　郭公和俗〉と、何と十一種の用字をあげ、このうち〈時鳥・郭公〉は日本製と註しています。カラス・カケス・ウグイスなどと同じ〈―ス〉の名をもつ仲間の鳥で、スズメ・ツバメ・カモメなど、〈―メ〉（群れを意味する）をもつ鳥と区別されます。

徳富蘆花の小説『不如帰《ほととぎす》』は、明治文学の傑作としてあまりにも有名ですが、この〈不如帰〉は、シナでの〈蜀魄〉の用字と同じく、古代、蜀の国王の死後、その魂魄がホトトギスに化身したとの故事を示唆しています。この鳥は国が滅ぼされたと知って、「不如帰去」（帰り去くに如かず＝帰りたい）と血を吐くまで鳴いたといわれます。若くして昇天した明治文学の雄――とあえていいたい――正岡登の号、〈子規〉もまたこの逸話をふまえたものです。

067

石花菜

トコロテン
tokoroten

蕪村の名句、〈ところてん逆《さか》しまに銀河三千丈〉があります。トコロテンはいうまでもなく、夏にはなくてはならぬ庶民の食べ物です。突きだされてきた寒天を銀河に見立てたわけで、絵画的なすばらしい句です。安永六年（一七七七）の作といいます。

九世紀の『延喜式』に〈心太〉、また『和名抄』に、〈大凝菜、凝海菜　古留毛波《コルモハ》、俗ニ心太ノ二字ヲ用ヒテ云フ、古々呂布止《ココロフト》〉とあって、古くから〈心太〉と書かれ、ココロフトとよばれていたことがわかります。コルモハのコルは〈凝《コル》〉ですが、〈心《ココロ》〉もこれと同語源で、いずれもこの海藻（テングサ）を煮て冷やすと固まることをさしたものでしょう。商人が売り歩くときの呼び声、〈ココロフト〳〵〉などから、ココロフト→トコロと聞きなされ、テングサのテンとあわせてトコロテンと変化しました。〈心太《ココロフト》→心太《トコロテン》〉となったわけです。江戸っ子、漱石も、〈仁王様が心太《ところてん》を踏み潰すよりも容易である〉と、この用字で痛快なユーモアを飛ばしています。

テングサはシナでは右にあるように〈大凝菜《ダイギョウサイ》、凝海菜《ギョウカイサイ》〉が正式、また漢方では〈石花菜《セッカサイ》〉ともよばれますが、これらをココロフトあるいはトコロテンとよませることもめずらしくありませんでした。しかし日本語と漢字の関係でいうと、右のとおり〈心太《トコロテン》〉が正式（本源）、むしろ〈凝海《トコロ》菜《テン》〉や〈石花菜《トコロテン》〉（『和漢三才図会』など）のほうが異端の用字ということになります。

068 交接

トツグ
totugu

現代の漢和字典では〈嫁〉に、〈カ・ケ〉と音を与え、〈女が夫の家にとつぐこと。故に女と家を合す〉と日本語、トツグに対応させています。女と家の見事な組み合わせで、シナの人の〈ヨメ、トツグ〉の発想、その儒教的なバックボーンがよく理解できるところです。

日本の〈嫁《ヨメ》〉もまたその影響下のはずですが、室町時代の国語辞書には、〈交接《トツガウ》　婚姻《同》／嫁《トツガウ》　帰《同》〉、さらに江戸中期の辞書に、〈帰《トツグ》　帰婦《同》　嫁《同》　交接《同》　交合《同》〉とあって、〈嫁〉と並んで〈交接・交合〉の表記がみえる点が注目されます。さらに十六世紀に来日の吉利支丹伴天連の編集した『日葡辞書』をみますと、日本語、トツグは（ポルトガル語で）〈人間の交接〉と説明されているのがわかります（よく日本語を理解しているのに感心します）。

日本語のトツグは本来、ずばり夫婦の性交をさすことばなのです。すなわちト＋ツグと分けられ、トは古代、『古事記』などにも、〈美斗《ミト》・美富登《ミホト》〉とみえるように、〈女陰〉の意です（ミ・ホは美称）。また『日本書紀』〈神代巻〉ではセキレイを、〈トツギヲシヘドリ〉の異称でよび、この鳥が男女二神に交合ノ法を教えたとも伝えています。ちなみに古代には性交を〈目交《マグアヒ》〉（『古事記』）ともよんでいます。こちらは後世（中世以降）の〈見合い〉ですが、両者ともに目と目を合わせることが、体と体を結びつけることを意味したわけです。

ともあれ、〈嫁《トツグ》〉という表記では、婚姻を家中心で捉えるシナの思想と、性行為から出発するおおらかな日本の文化と、まったく異質、対照的な文化的背景が一つ〈嫁《カ》〉の漢字で表現されているわけで、両者のいわば断層が、文化の本質的相違を教えてくれるのは印象的です。

069 波及失

トバッチリ
tobattiri

〈トバッチリ〉は、〈トバシリ〉が促音化して、トバッシリ→トバッチリと変化した形です。トバシリはさらにさかのぼって、〈ホトバシリ〉が本源です。古代、〈王、歓喜踊躍《ホトハシリ》〉（『日本書紀』）とみえるように、心の喜びが四方八方に飛び散るさまです。鎌倉期の辞書には、〈迸〉に、ホドハシルとその略、トバシルの両語形がみえます（『類聚名義抄』）。前者から語頭の弱い音、〈ホ〉が落ち、濁音が移行してトバシル（および転成の名詞、トバシリ）となったわけです。ちょうどワタシ→アタシと、弱い語頭w音が落ちた現象と同じです。

〈雷《イカヅチ》ノ震《ウゴ》カス柱ヤブレテ迸《トバシ》リ〉（『今昔物語集』、十三世紀成）など、木片が飛び散るさまをいう例もみえますが、『日葡辞書』にあるように、〈液体状の物の飛沫〉をいうのが核心でしょう。十七世紀にはいって、〈そばにいて不当なわざわいをうける、巻き添えをくう〉といった、現代語と同じ意味用法で用いるようになりました。江戸川柳に、〈とばしりが諷《うたひ》の師匠までかゝり〉、幕末の人情本、『春秋二季種《ふたきぐさ》』に、〈浮気を始めてそのとば尻をおれにおしつけはごめんだよ〉とみえ、トバシリ、さらにトバッチリと訛った二語形ともに江戸っ子の言葉です。

江戸後期から明治期にかけて、〈とんだ所へ浮騰《とばつちり》がかゝるもんだぜ〉（『浮世風呂』）、〈抛擲《うつちやり》ぱなしの波及失《とばっちり》〉（『西洋道中膝栗毛』）、〈飛んだ余滴《とばしり》ですこと〉（巌谷小波）、〈其余波《とばしり》いつもいつも母親に及びて〉（坪内逍遥）などなど、表記のほうは一定しませんが、本源の〈迸《トバシリ》〉を意識しつつ、江戸っ子やその末裔たちが遊び心で、その場その場で漢字を選びとっているかのようです。ちなみに右の〈波及失〉は、文字どおり波及ヲ失ス、うっかり近くにいて波の飛沫を浴びてしまったというわけでしょう。

　またトバシリ・トバッチリの二語形のうち、トバッチリは下町の東京方言として残り、トバシリは結果として姿を消します。いずれにせよ、古代の歓喜の叫びから近代の巻き添えの小罪まで、まったく姿を異にしました。現代中国語ではさしあたり〈連累《リンレイ》〉というところです。

070

流眄

ナガシメ
nagasime

フランス近代詩の翻訳紹介で明治の文壇に名をなした上田敏の訳詩に、〈釣舟草《つりぶねさう》、不謹慎の女である、秋波《ながしめ》をする、科《しな》をする〉（『牧羊神』）とあり、同時代の二葉亭四迷は、〈ぢろりと哲也の面を流眄《ながしめ》に見て〉（『其面影』）と書いています。いずれも相手の女性の気を引くような、媚を売るような目つきをいったものですが、漢字表記、〈秋波・流眄〉はともに、シナ語をそのまま借用したものでしょう。現代中国語でも、〈秋波《キュウボ》〉は生きています。

日本語のナガシメは、鎌倉時代の国語辞書、『類聚名義抄』に、〈流睇　ナガシメ〉とみえ、中世以来用いられていることばです。江戸川柳に、〈流し目に時定らぬ猫の恋／流し目の靨《えくぼ》は人の落し穴〉などとみえるように、ふつうに〈流し目〉の表記でもよくみえます。また似た意味の語に〈尻《シリ》目《メ》〉がありますが、こちらは『源氏物語』にも〈宮の御前の方をしりめに見れば〉とみえ、より古くからある言い方です。

〈流眄《リュウベン》〉は〈眄《ベン》〉の一字でもナガシメと字書にみえます。顔を動かさず目玉だけをそちらに向けるのを、〈流〉と表現して添えたものでしょう。ほかに〈流盼《リュウハン》・流眸《リュウボウ》〉なども書き、いずれも日本でナガシメにあてます。〈色気を含んだ流眸《ながしめ》に〉（徳富蘆花『黒い目と茶色の目』）などその一例です。また、〈お前に負はれやうと思ッた位であつたよと流眄《しりめ》にかけて〉（『長者鑑』、明治二十四年）のように、先にふれた〈シリメ〉とよませることもありました。

一方〈秋波〉は、シナの人が、〈媚眼秋波ノ若《ゴト》シ〉（『成語考』）と、美女の色香ただよう眼差しを秋の澄んだ水の波にたとえたところから、ナガシメの意味に用いるようになりました。シナでもやや俗語的な表現で、〈流波〉などともみえます。

071

恋水

ナミダ
namida

泣《ナ》ク＋水《ミヅ》＋垂《タル》→ナ・ミ・タ→ナミダ、となったといいます。ただし、朝鮮語にいくらか慣れ親しんだ身としては、同語で目をヌン、水をムルといいますので、目《ヌン》＋水《ムル》→ナムタ→ナミタの語源解を認めたいと思います。〈言《イ》フ〉（古代はイプ）も朝鮮語、〈唇《イプ》〉と関連すると思います。声を出すのは唇《くちびる》です。そのほかにも、日鮮同語、同祖先と思われることばは少なくありません（→大養徳《ヤマト》）。

古く『古事記』に、〈那美多具麻志《ナミタグマシ》〉、『万葉集』に、〈吾が泣く那美多《ナミタ》〉、また『和名抄』に、〈涕涙　和名、奈美太《ナミタ》　目汁也〉とあって、ナミタと濁らずに用いたようです。鎌倉時代の国語辞書、『類聚名義抄』には、〈泪、涕、泣、潸　ナミタ、ナミダ／ナムタ、ナムダ〉とあって、このころには〈ナミダ〉もみえます。漢字は〈泪〉がはじめに紹介されていますが、これは江戸時代にかけて

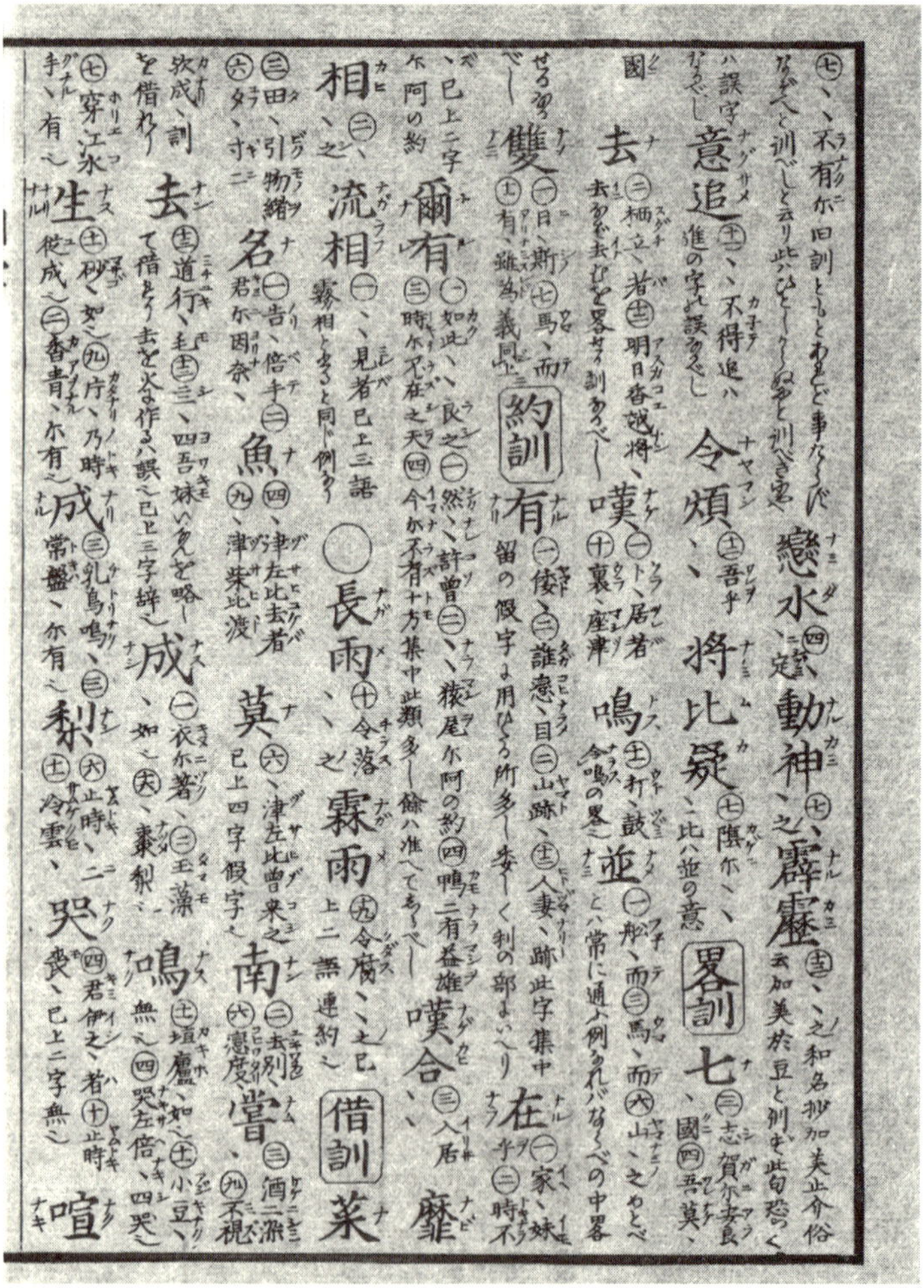

春登上人『万葉用字格』（文化 12 年成）
〈奈部〉（26 オ）
1 行目に〈恋水〉がみえる

の常用漢字といってよく、芭蕉の句〈行春や鳥啼魚の目は泪〉（『奥の細道』）でおなじみでしょう。ほかに、江戸戯作にも、〈泪《なみだ》は水むけの茶碗に淵なして／泪《なみだ》もろひ性だから〉（『浮世床』）など、枚挙にいとまがありません。

また先に紹介した『類聚名義抄』の記述の最後に、漢字〈潸《サン》〉がみえましたが、これはのちに、〈潸《サン》然〉と書いて、ナミダグムともよませました。西鶴も〈泪《なみだ》、涙《なみだ》、潸然《なみだぐみ》しは実、笑《わろ》ふは偽《いつは》りなり〉のように用いています。

漢字表記の変わり種としては、『万葉集 四』のいわゆる戯訓として、〈恋水《なみだ》〉が有名です。すなわち、〈わが袂まかむと思はむ大夫《ますらを》は恋水《なみだ》に定《しづ》み白髪《しらが》生《お》ひにたり〉の一首で、女性が、私の袂を枕にしようと願う男性は、涙にくれるうち白髪の老人になってしまわれましたよ、というわけです。ただし下の句の原文、〈恋水定《なみだにしづみ》〉は写本によって〈変水求〉とあり、近年の研究ではこちらを採って〈変水《をちみづ》（若返りの水）求め〉と読むことが多いようです。しかし新説の学問的な是非とは別に、古来この箇所が〈恋水《なみだ》〉と読みつがれ、この表記が広く育まれる契機となってきた事実は変わらず、またその事実も塗りつぶしてしまうべきではないでしょう。江戸中期に刊行、『万葉集』の用字研究の労作、春登上人『万葉用字格《かなづかい》』（文化十二年・一八一五成）にも、〈義訓〉として〈恋水《ナミダ》〉が採択されています。

072

魚膠

ニベ
nibe

愛想がない、冷淡な様子を〈ニベもない〉と表現しますが、〈魚膠《ギョコウ》〉はこのニベのことです。つまり、ニベという魚（別名、不首魚《グチ》）の浮袋（鰾）などからつくる膠《にかわ》で、粘着力がつよく、薬用・食品製造に用います。鎌倉時代の語源書、『名語記《みょうごき》』に、〈弓の竹などあはするにべ如何〉とみえるのが初出に近い例でしょう。十七世紀初頭に刊行の『日葡辞書』には、〈弓の竹を接着するのにつかう一種の強力な糊〉とあって、そのように強い粘着力をもつニベすらも、取りつきようがないほどに無愛想なのがニベモナイです。この成句は江戸中期、近松門左衛門「心中天網島」などにみえ、上方語と考えられます。強調して、〈ニベもしゃしゃりもない〉（シャシャリはセセリ——鉄炮の用具——の転か）などともいい、こちらは洒落本にみえて江戸っ子のことばでしょう。ちなみにニベという魚については、幕末の『魚鑑』の解説に、〈にべ、鮸《ベン》の字。いしもちの大なるものにして、其腹中の白鰾、膠をなすときは物を昵粘に宜し、今弓匠用ゆるところ是なり。鰾の字ぼらと訓ず、今にべといふ、諸魚みな鰾《ほぼら》〔浮袋〕あり、といへども此魚にしかず〉と明快。カマボコの材料としても用い、オコゼなどと同様、愛想のない面構えです。

〈貫一の魚膠無《にべな》く暇乞《いとまごひ》するを〉（尾崎紅葉『金色夜叉』）、〈葉子は膠《にべ》もなく遮《さへぎ》つて〉（有島武郎『或る女』）

など、近代の文学者たちも愛用の成句で、ほかに〈鱏膠《ニベ》・鯁膠《ニベ》・鱁鮧《ニベ》〉なども書きました。また〈相慕ふ心がにべの如く強かった〉（長塚節『土』）と、ニベのみで譬喩的に用いた例もみえます。

073 若気

ニヤケ
niyake

〈キザなやつめ！〉などというときの〈キザ〉ですが、これは江戸時代後期に遊里で〈気障《きざ》〉などと使われていいます。江戸っ子の文学、洒落本、『魂胆惣勘定』（宝暦四年・一七五四）に、〈遊里言葉遣ひの事。きざとは、心がかりなることなり〉とあり、このとおりです。〈気障《キザハ》り〉の略で、人の気にさわるさまですが、こんなふうに非難される男性のイメージは、色男ぶったり気取っていたり、どこかニヤケたやさ男、軽佻浮薄の輩といったところでしょうか。

さて〈ニヤケ〉ですが、これは、中世の辞書、『運歩色葉集』に〈若道《ニヤクダウ》 若気《ニヤクケ》〉とみえます。もともとは若道すなわち男色（Sodomy）、あるいはその対象となったお寺の稚児（少年）などをさしました。武士の間では〈義兄弟〉などともよびましたが、このあたりについては西鶴に、『男色大鑑』の傑作があります。時代がくだると、ニヤクケ→ニヤケの発音で、女性的なところのある男性、キザなやさ男をいうのにも用いるようになりました。

幕末の『守貞謾稿』に、大坂と江戸を較べつつ、〈男子ノ優ニ過テ更ニ無勇者ヲ生垂ト云　ナマタレト訓ス又ハナマタレテルト云　江戸ニテハ「ニヤケ」と云、弱気ナル歟、ニヤケタ人ナド云フ〉と書きとめています。江戸語となって〈弱気《ニヤケ》〉とも書き、〈弱気る《ニヤケ》〉と動詞でもみえるほか、洒落本、『契情買虎之巻《けいせいかいとらのまき》』（安永七年・一七七八）には〈にやけ男〉などともみえます。明治期に入ると、〈少々にやけすぎたる粧服《こしらへ》〉（坪内逍遙）、〈嬌治《にやけ》た男〉（小杉天外）など、服装・言動をさしていう例もみえるようになります。

074 太田道灌

ニワ〔ハ〕カアメ
niwakaame

ものごとが突然に起こったり、事態が急変したりするさまをいう〈にわか（にはか）〉は、ごく短い時間、といった意味の〈ニハ〉に、状態を示す〈カ〉（ヒソカ、シヅカなどのカです）がついた語形でしょう。慌ただしく様子が変わるさまをいうところから、古くは、〈心砕けて死なむ命尓《ニ》波可尓《ハカニ》なりぬ〉（『万葉集 二十』）のように、危篤や急逝を暗示することばでもありました。漢字は一般に〈俄、遽、暴、卒〉などをあてます。

これに雨が複合してニワカアメですが、〈俄雨〉のように漢字表記で確認できるのは、江戸初期以降です。定着は江戸期も後半になってからでしょう。十七世紀初頭の『易林本小山板 節用集』に、〈驟雨《ニハカアメ》〉、一世紀ほど後の『和漢音釈書言字考節用集』には、〈暴雨《ニハカアメ》、驟雨《同》、疾雨《同》〉とみえます。また西鶴も、

月岡芳年〈太田道灌初テ歌道ニ志ス図〉
（新撰東錦絵、明治20年）

〈鬼の持ちし隠れ笠かくれ簑も暴雨《にはかあめ》の役に立たねば〉のように用いています。さらに江戸川柳には、〈俄雨《にはかあめ》はるかむかふでせみの声〉など、今日おなじみの〈俄雨〉もみえます。

　ちなみに明治に入っての変わり種に、〈太田道灌《ニハカアメ》〉があり、これは坪内逍遙『当世書生気質』（明治六年）の一節に、〈六七度《ろくしちたび》太田道灌《にはかあめ》に出逢った〉とみえます。道灌が鷹狩りの帰途ニワカアメに遭い、土地の娘に簑笠を借りようとしたところ、山吹の枝を差し出されますが、その意図を察することができず、己の無学を恥じて歌道を志す――というよく知られた逸話を踏まえての、いささかアクロバット的な宛字です。

　娘の差し出した花の枝は、〈七重八重花は咲けども山吹のみの一つだになきぞ悲しき〉という古歌を踏まえ、山吹が実をつけぬこと（実のひとつだになき）と、貸す簑《みの》の無いこと（簑ひとつだになき）とを重ねた、古来からの修辞、いわゆる懸詞《かけことば》だったわけです。落語などにも仕立てられ、人気のある逸話でしたが、現代の読者には、さすがに賞味期限切れ気味でしょうか。

075

家鹿

ネズミ
nezumi

猫を家虎《カコ》というように、鼠をシナでは家鹿《カロク》とよびました。とりわけ江南地域の習いといいます。明代最大の本草学者、東璧先生こと李時珍の記するところです（『本草綱目』巻五十一・鼠）。この地方ではネズミを食卓にのぼせましたが、肉を口にしてもその名を忌み、直接によぶことを避けて、〈家鹿〉と称したわけです。

日本でも中世の国語辞書、『雑字類書』に、ネズミの異名として右の〈家鹿《ネズミ》〉（気形門）がみえます。シナに学んでの表記でしょう。また江戸中期の百科事典、『和漢三才図会』では、ネズミの肉が小児の疳（かんのむし）を治す薬として紹介しつつ、〈家鹿・家鬼〉の異称を併記しています。さらに幕末の宛字辞典というべき『大字類苑』（文久三年・一八六三成）でも、〈家兎・社君〉とともに、〈家鹿〉をあげ、ネズミとよませています。江戸の俳句にも〈家鹿《ねずみ》〉をよんだ例があり、江戸後期の滑稽本、『浮世床』にも、〈家鹿《ねずみ》〉とみえるなど、ネズミの異表記のひとつとして定着していたようです。

日本語のネズミは、ネズとも略称して〈不《ネ》レ寝《ズ》〉に通じ、また〈ネズミ〉が〈ヌスミ（盗み）〉に通じるなどの理由で、正月などの特定の期間には、口にすることを避け、代わりに〈嫁が君〉などと言い換えられました（忌詞《いみことば》・正月詞）。江戸中期の方言辞書、『物類称呼』にも、〈鼠　ねずみ　○関西にて○よめ又よめが君といふ、上野にて○夜《よる》のもの又よめ又おふく又むすめなどといふ、東国にも、よめとよぶ所多し、遠江国には年始にばかり、よめとよぶ、其角（芭蕉の弟子）が発句に、明る夜のほのかにうれしよめがきみ、嵯峨住《さがにすむ》去来（芭蕉の弟子）が曰、除夜より元朝かけて、鼠の子を嫁が君と云にや〉と、民俗学的に豊かな内容の記述がみえます。また蛇足ながら〈頭の黒いねずみ〉（『日本永代蔵』）はこそ泥的人間の異称、〈利休ねずみ〉（北原白秋）は雨の色です。

076

開豁

ハデ
hade

二葉亭四迷『浮雲』に、〈移気《うつりぎ》、開豁《はで》、軽躁《かるはづみ》、それを高潔と取違へて……〉と、〈開豁《ハデ》〉がみえます。〈開豁《カイカツ》〉はシナ古典、『晋書』にみえるところで、心広く豊かなさまが原義。二葉亭の用字は、ほかにも〈東道《アルジ》・敦圉《イキマク》〉（案内・いきり立つの意のシナ俗語）のように、江戸戯作の伝統にのっとったものが少なくありません。もっとも〈開豁《ハデ》〉はあまり見慣れぬところかもしれません。ついでをもって、〈ハデ〉の変わり種をもう一例、こちらは江戸の読本から紹介しておきます。〈遊女《たはれめ》のあさましさは唯燕《はで》なる曲《て》〉。こちらの〈燕《エン》〉はおそらく、〈艶《エン》〉に通じるところから、ハデとよませるのでしょう。

幕末から明治初期にかけて、伝統的な用字でよく目立つのは、〈花美《ハデ》・華美《〃》・華麗《〃》・華靡《〃》・華奢《〃》〉といったところでしょう。鷗外の〈裁縫店にて雛形娘をつとむるゆゑ、華靡《はで》やかなる色の衣をよそひて……〉（『即興詩人』）などその一例ですが、現在一般的に用いられる〈派手〉は、これらの横にならべてみると、少し地味といいますか、控えめな印象があります。〈立派〉（立破分明→立破→立派）などに引きずられて創作したのでしょうか。

しかし実はこちらの〈派手〉の表記のほうに、ハデというコトバの出自が示されています。古くは、〈破手〉あるいは〈端手〉と書き、〈破手〉が正式のようですが、これは三味線の弾き方や曲風についていう、邦楽関係の特殊用語でした（手は曲の意）。基本の〈本手《ほんて》〉に対して、華やかな演奏、常套を破った奏法ないしは曲調を、〈破手《はで》〉といったわけです。江戸後期の『声曲類纂』に、〈虎沢といひし盲目、三味線ひきかため、本手《ほんて》、破手《はで》といふ事を定めて人に是を伝ふ〉とみえるとおりでしょう。

一方、西鶴はその小説で、〈破体《はで》なる仕出《しだ》し（趣向）／端手《はで》なるいしゃ坊主〉と用いていて、すでに三味線とは無縁です（破体は破手の誤記かもしれません）。さらに江戸中期の俗語を多く載せる字引、『邇言便蒙抄《じげんべんもうしょう》』に〈端手〉、同じころの『早引節用集』や洒落本などには、〈葉手《はで》〉ともみえます。

〈派手〉は江戸後期、歌舞伎の脚本や滑稽本に登場し、川柳にも、〈派手娘江戸の下から京を見せ／派手娘風にもへ出るひちりめん〉などとみえます。そしてこのころから意味内容の面でも、いわゆる華美濃艶に限定せず、態度や行動がおおげさだったり、調子はずれだったりして目立つ様子を指すようにもなります。

ちなみに〈派手〉は上の字を音、下の字を訓で読むいわゆる〈重箱《ジュウばこ》読み〉で、これは上が訓・下が音の〈湯桶《ゆトウ》読み〉ともども、変則的な用法として軽んじられることが多いようです。しかし〈縁側《エンがわ》〉あるいは〈思惑《おもワク》〉などの自由闊達な漢字の造語、運用こそ、シナのそれとは異質な、日本人独自の漢語能力のあらわれ、再評価すべきところでしょう。

077

纏頭

ハナ
hana

役者、関取、芸人などにふるまう祝儀を俗にハナといい、『俚言集覧』に〈狎客歌妓に物を取するを花と云〉とあるように、一般に〈花〉の字があてられます。西鶴も、〈芸者に花をとらせ〉(『世間胸算用』)、〈花代宿とふたつに分るなるべし〉(『好色一代女』)のように用いていて、上方生まれのことばですが、このハナは本来、〈纏頭《ハナ》〉が正式です。〈纏〉は〈まといつく・からみつく〉の意で、〈情緒纏綿《ジョウチョテンメン》〉などと用います。〈頭〉は〈切れはし〉のような意で、全体で、〈紙などで包んだ小さなもの〉といった意味になります。近世シナの書、『祝儀通鑑』にみえるところで、シナでは古くから、褒美として与える金銭を紙に包んで与えたので、それを〈纏頭《テントウ》〉とよんだわけです。

一方、日本では古来、贈り物に花のついた木の枝につけて届けるならわしがありました(ただしこの習慣ははやくに失われます)。そこから人に与える金銭のことも〈花《ハナ》〉とよびましたが、やはり紙に包んだりして与えるようになりましたので、用字については実情に沿ってシナ語、〈纏頭〉を借りたというわけです。十六世紀、『運歩色葉集』に〈纏頭《ハナ》〉、また明治期に入っても、成島柳北『柳橋新誌』に、〈皆其ノ纏頭《ハナ》ヲ受ク〉(原文は漢文体)などとみえます。

ただし書きやすく、華やかさもあって、遊びの世界では〈花〉の用字が主としておこなわれ、江戸川柳に〈花をやる客が今宵のあるじ也〉、遊里小説、洒落本に、〈金銀ヲ曰フレ花ト〉（『史林残花』、享保十五年・一七三〇）のようにみえます。また〈花代〉なども称しました。『守貞謾稿』には、〈〔島原では〕遊女、芸子トモニ花ト云線香ヲ焚テ時ヲ刻ム、花一本銀二匁三分（中略）一日ニ三十本、花代銀六十九匁〉とみえ、花代を計算するための線香もまた〈花〉とよばれたようです。

078 鹿尾菜

ヒジキ
hiziki

〈自然の切り売り屋〉と名乗る店から買ってきた〈鹿尾菜《ロクビサイ》〉は、健康優良食品として推奨されていました。その文言にいわく、渋い味わいで受ける食卓の名脇役、鉄分、カルシウム、カリウムなどの栄養素を多くふくむ、ホンダワラ科の海藻、ヒジキモということです。〈菜〉は野菜の菜と同じく食用のものにつける名ですが、ヒジキはおそらく、その形を鹿の尾とみて、日本人が〈鹿尾菜《ヒジキ》〉とあてたのでしょう。シナでの呼称、〈鹿角菜〉（『本草綱目』）などの示唆もあったと思われます。ただしシナでは古代から現代まで、〈羊栖菜《ヨウセイサイ》〉が正式で、森鷗外が〈煮肴《にざかな》に羊栖菜《ひじき》〉（『雁』）と用いているのはさすがです。

最古の百科事典、『和名抄』に、〈鹿尾菜　比須木毛《ヒズキモ》〉とみえ、また『大和本草』に〈伊勢物語ニヒジキモヲ歌ニヨメリ〉とあるように、日本でもはやくから愛食され、古代は〈ヒズキモ・ヒジキモ〉、中世から近代語として〈ヒジキ〉です。〈ヒジキ〉は、藤原定家の日記、『明月記』にみえるのがはやいところでしょう。ほかに中世の歌論書、『袖中抄』には、〈六味菜《ヒズキモ》〉などの用字もみえます。個人的には老境に入って、最大の通じ薬と再認識しているところです。

尾の一字が角になった〈鹿角菜〉は、右のとおりシナの人の命名ですが、日本ではツノマタ・フノリにあてることもあります。ツノマタは方言では、〈猫の耳〉などともよばれ、漆喰などに用いました。また〈馬尾藻・神馬藻〉といえばホンダワラのことです。こちらは古くは〈ホダワラ（穂俵）、ナノリソ（な告りそ＝名を告げるなかれ、『万葉集』）〉などともよびました。

079 大恋

ヒタブル
hitaburu

小学四年生の今は昔、〈只管〉をヒタスラと読むと習いました。子ども心に、なぜ只がヒタで管がスラか疑問でした。大袈裟にいえば、生涯忘れられぬ強い印象です。先生は漢字全体で、〈何事もけんめいにやること〉の意味で、ヒタ＋スラなんだと教えてくださいました。ヒタスラのヒタは〈一《ヒト》〉の母音交替で、〈一途《イチズ》〉などの〈一〉と同じ意味、スラは限定・強調の意を添えますので、この教えのとおりでしょう。スラはこちらも母音交替で、ソラとも用いました。

ヒタスラは古くはヒタソラ・ヒタブルです。ヒタブルは『源氏物語』にも、〈今は亡き人とひたぶるに思ひなりなむ〉とみえます。ブルは現代語の〈学者ぶる〉などのブルと同じで、いかにもそれと見せつける様子です。古代語から近代語への移行にともなって、ヒタソラ・ヒタブル↓ヒタスラと統一されました。『方丈記』（十三世紀初）に、〈（女ガ）ひたすらに家ごとに乞ひ歩く〉とみえます。

なお〈只管〉の漢字表記について、禅家の用語が本源で、ヒタスラ坐禅に励む意の〈只管打坐《シカンダザ》〉の上二字を借りたもの、としったのは、はるかのちのことでした。〈只管《ヒタスラ》〉は『太平記』にみえるのがはやい例で、幕末、滝沢馬琴はもっぱら〈只管《ひたすら》〉を用いています。しかし中世の国語辞書『運歩色葉集』に〈太皈《ヒタスラ》、太疋《同》、太火《同》、疋女《同》、疋如《同》、直平《同》、一向《同》、諸《同》、直《同》／永《ヒタソラニ》／太《ヒタブル》、永《同》〉、また『易林本小山板節用集』には〈平天《ヒタソラ》、浸空《ヒタソラ》／混空《ヒタブル》、大恋《同》〉と、さまざまな表記が並ぶなか、〈只管〉はみえません。西鶴なども〈一向《ヒタスラ》〉を愛用しており、江戸時代にはこちらが一般的だったようです（『早引節用集』にも〈一向《ひたすら》〉とみえます）。ちなみに最後に引いた辞書にみえる〈大恋《ヒタブル》〉など、武家社会での大恋愛まで想像できるようで、背景にロマンを感じさせ興味が尽きません。

080

日南北向

ヒナタボッコ
hinatabokko

〈春ノ節ニ成テ日ウラ、カニテ、日ナタ誇モセム若菜モ摘ナム〉（『今昔物語集』）とあるように、古くは〈ヒナタホコリ〉で、日向《ヒナタ》と誇《ホコリ》の複合語です。暖をとるために、日向を誇るほど思う存分に日光に身をさらす、というわけです。ホコリのほうは、〈ぼこう、ぼくり、ぼこ、ぼっこ〉などと、さまざまに訛ったようです。ヒナタは〈日南《ヒナタ》〉（西鶴、『世間胸算用』）ともみえ、また〈天道《てんたう》ぼこり〉（『古今著聞集』）などの言い方もありました（天道は太陽のことです）。

　江戸時代初期、京都で刊行の『嘉多言』（慶安三年・一六五〇）に、〈ひなたぼかうとは○日南北向と書き侍るなり、然るをひなたぶくり、ひなたぼくりなど丶いふはよろしからじと云り〉と、〈日南北向《ヒナタボカウ》〉の表記がみえます。また江戸中期、『和漢音釈書言字考節用集』（一七一七年）にも〈負暄《ヒナタボコ》　冬日ニ言フ所。暄ヲ負テ、人、背ヲ曝ス、日南北向《ヒナタボコ》「五雑組」〉と〈日南北向《ヒナタボコ》〉がみえ、典拠についても示唆があります。『五雑組』はシナ明代の書物、一種の百科全書として活用され日本人に大きな影響を与えました。また見出しの〈負暄《ヒナタボコ》〉も気になるところですが、〈負暄《フケン》〉の〈暄〉は暖カイの意で、暖かさを背に負う、といった意味の古典シナ語です。

　明治期に入ると、〈祖母が縁先に円くなつて日向ぼつこをしてゐる〉（二葉亭四迷『平凡』）のように、〈日向ぼっこ〉がごくふつうにみえますが、変わり種としては、上田敏の訳詩に、〈今朝の秋、偃曝《ひなたぼこり》に其骨《そのほね》を〉とあるのが注目されます。これも古典シナ語ですが、〈偃曝《エンバク》〉は厳密にいうと、腹ばいになって背を日にさらすことですから、ヒナタボッコとはやや異なるはずです。

081

素見

ヒヤカシ
hiyakasi

幸田露伴『五重塔』に、〈それは正気の沙汰か寝惚《ねぼ》けてかと冷語《ひやかし》を驀向《まつこう》から与《や》つたところ〉、永井荷風『濹東綺譚』にも、〈「はははは」と後から来る素見客《ひやかし》がまた笑って通り過ぎた〉とヒヤカシがみえます。いずれも名詞形になっていますが、ヒヤカスという動詞には、前者のように、〈からかう・愚弄する〉といった意味の場合と、後者のように、〈買うつもりもなく品物をただながめる〉といった意味で用いる場合があり、後者はのちに、〈素見〉をあてました。〈振る・照れる・からかふ〉などと同じく、江戸時代遊里に発生し、大切に育まれた言葉づかいです。

江戸吉原（遊里）近く、浅草山谷《さんや》に住む紙漉《かみすき》職人たちが、紙を冷ヤカス待ち時間に、遊女の張見世（顔見世）をちょっと見物、格子越しに品評して歩いたことからといいます。遊女を買って遊ぶまでの時間はなくても、ヒヤカシて歩くことはできた、というわけです（ただし真偽は未詳です）。この職人仲間の通語・隠語が、やがて一般市民社会にも用いられるようになりました。江戸川柳にも、〈ひやかして買ず飛こむ水溜〉などとみえます。

〈素見〉の表記はおそらく、遊里で花（遊女）を見て素通りする、というところから創作された、日本製の漢語でしょう。〈素見《すけん》の人は花をみてかへる心地せりと也〉（洒落本）、〈吉原といふところ……素見《すけん》はさして銭《ぜに》もいらぬ事〉（黄表紙）のように、スケンの音読みでもみえます。〈花街《いろざと》の素見《ひやかし》、一夜に尽さゞれども〉（『安愚楽鍋』）、〈素見《ひやかし》の格子先《かうしさき》に思ひ切つての串談《じょうだん》も言ひがたしとや〉（『たけくらべ』）など、〈素見《ヒヤカシ》〉は明治以降も健在です。

082 日和

ヒヨリ
hiyori

読みを問われればヒヨリと即答できそうですが、ではなぜ〈日和〉と書いてヒヨリと読むのでしょうか？　こちらの問いは盲点といいますか、意外に難問です。

『万葉集』に〈飼飯《けひ》の海の庭《には》よくあらし（＝あるらしい）〉（巻三）、〈武庫の海の庭《には》よくあらし〉（巻十五）などとあるように、古く、〈庭《ニハ》〉は神事の場のほかに、海面・漁場のこともいい、〈日和《ニハ》〉ともあてました。やがてこの用字、〈日和〉を日ノ和《やわ》ラグの意味と解し、ヒヨリと読んで（海上の）天候の意で用いるようになったわけです。鎌倉時代の学僧、仙覚がのべているところです。またヒヨリのヨリに関しては、〈日和《ヒヨリ》〉にアガル（よくなる）、落チル（悪くなる）、カカル（変化する）の言い方がありますので、天気が固定する意で日ノ寄リ＝日和《ヒヨリ》と用いたものでしょう。『大言海』の語源説に、〈寄《より》〉を示しているのも、この意味からだと思われます。

十七世紀初頭に刊行の『日葡辞書』に〈Niua　ニワ　ヒヨリに同じ／Fiyori　ヒヨリ　テンキ

に同じ。天気のめぐりあわせ〉などとみえ、また十六、七世紀の節用集にも〈日和《ヒヨリ》／日和《ニワ》〉とあるように、もとの〈日和《ニハ》〉のほうも、ヒヨリと並んでながく残りました。これらの語に関しては、十七世紀ごろまで、航海と関連して用いている例がみえる点に注意が必要でしょう。西鶴も、〈日《ひ》和《より》を見合《みあはせ》〉（『日本永代蔵』）、芭蕉も、〈名月や北国《ほっこく》日和《びより》定《さだめ》なき〉のように用い、江戸中期の方言辞書、『物類称呼』には〈日和の定らぬを……筑紫にて一石《こく》日和と云〉などとあります。

天気模様をみる〈日和見〉は、西鶴にも、〈時《とき》津《つ》風《かぜ》静かに日《ひ》和《より》見《み》〔観測係〕乗《の》り覚《おぼ》えて〉とみえますが、江戸中期の俳句や川柳には、人の機嫌や社会の趨勢などを譬喩的にあらわすのにも用いられています。また〈日和下駄〉といえば晴れの日にはく歯の低い下駄のことで、川柳に〈日和下駄横になってもただおきず〉とみえます。江戸後期、素人娘ははかず、水商売の女性がはいたゆえです。〈日和見主義〉は昭和初期、oppotunism の訳語として登場の新顔です。

083 雲脂

フケ
huke

日本最古の百科事典、『和名抄』に、〈雲脂　和名、加《カ》之《シ》良《ラ》乃《ノ》安《ア》加《カ》一名伊《イ》呂《ロ》古《コ》〉とみえます。かつて日本人は、シナ語の雲《ウン》脂《シ》に、〈頭《カシラ》ノ垢《アカ》〉あるいは〈イロコ〉という日本語を対応させていたわけです。〈頭《カシラ》ノ垢《アカ》〉は〈頭《フ》垢《ケ》〉に転じて今日まで残ります。〈イロコ〉は魚のウロコ〔魚鱗〕と

〈雲脂〉の方言分布

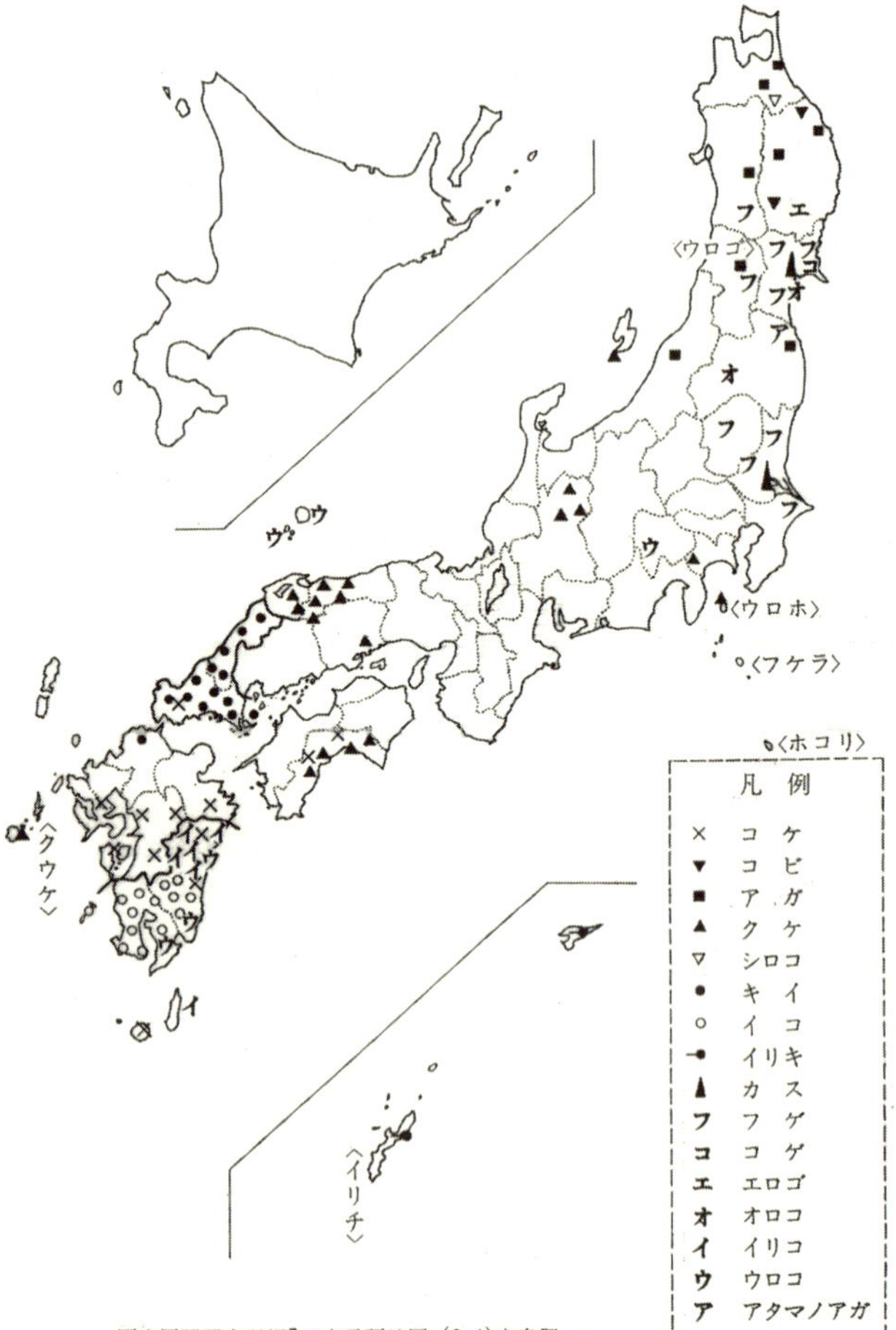

国立国語研究所編『日本言語地図』(3・4)を参照。

同じ。おそらくフケが魚鱗に似ていることからこうよばれたのでしょう。十六世紀の国語辞書、『易林本小山板節用集』にも〈雲脂《イロコ》〉とみえ、古代語がながらく日本での標準的な呼称でした。現代でも地方によっては、フケをイロコとよぶところがあります。

一方、〈フケ〉の呼称は比較的新しく、江戸中期の『和漢音釈書言字考節用集』に、〈雲脂《フケ》伊出、頭《同》垢〉（支体門）とみえます。ただし同書の〈伊〉のところには、まだ〈雲脂《イロコ》〉もとどめており、古語として『和名抄』をみよと指示しています。しかし江戸後期、文化十二年の辞書には、〈雲脂《フケ》、頭《同》垢〉とのみあって、フケが一般化したようすがうかがえます。近代語になって、フケの呼称が生まれたわけです。コケの方言が今も残る点、垢《アカ》でも鱗《ウロコ》でもなく、今度は苔《コケ》に見立てて、コケ↓フケとなったのでしょう（なおこの点、コケラ（木の削りくず）とよぶ地方があることも注目されます）。

江戸中期の『雑字類編』（天明六年・一七八六）は、やはり〈フケ〉での立項ですが、〈白屑風、風屑、頭花、頭屑〉など、当時のシナの俗語から対応するところをあげています。シナの人と日本人の見立ての違いをしるべきでしょう。同じ漢字を用いても、造語能力に質的な相違があるわけです。現代中国語では、〈頭皮《トウピ》〉といいます。

なおフケの方言については、小著『方言風土記』執筆のころに、全国の分布状況をまとめた地図を作成したことがあります。参考までに右に紹介しておきます。

084

附子

ブス
busu

一九七〇年代、全学連をまねて〈全ブス連〉なる元気のいい女性の団体が結成され、週刊誌などで怪気炎をあげていたことがありました。ブスは〈醜女《ブス》〉とあてたりもしますが、語源的にいうと、特に女性にかぎりません。かくいう筆者もブスの一人で、長谷川一夫のような美男子でなければ、男もブスといったのです（中世、番犬などもブスよばわりの対象でみえます）。十六世紀の抄物《しょうもの》（シナ古典の講義録）に、〈下戸《げこ》が酒の座敷でぶす顔で居たは〉（『山谷詩抄』）などとあります。酒を飲めない下戸が酒宴の席でさえない顔、ブス顔《ツラ》をしているというわけです。

狂言の曲目、〈附子《ブシ》〉でもしられるように、ブスはトリカブトの根から製する猛毒で、古く『和名抄』にも、〈烏頭　附子〉とみえます。表記は〈附子〉が正式で、十五世紀成立の国語辞書、『下学集』に〈附子《フシ》〉、十六世紀の『運歩色葉集』には、〈附子《ブス》　毒薬〉と傍訓があり、このように古代語から近代語に移って、ブシ→ブスとなったようです。また江戸初期の『本朝食鑑』に、〈本邦ノ俚俗、人ノ物ヲ嫌ヒ憎ミ、呼ビテ附子《ブス》ト曰フ〉とみえます。毒は人の嫌うものですから、他人からみて気分を害し不愉快になる対象をブスとよび、〈敵《ブス》・毒《ブス》〉などとも漢字をあてたわけです（人名・地名の〈毒島《ブスジマ》・悪島《ブスジマ》〉などもこの名残でしょう）。

ブスが女性専用となったのは、おそらく大正期にはいってからでしょう。大正四年刊『隠語輯覧』に、〈ぶすけ　容貌醜悪なる少年〉とあり、このブスケが昭和十年の隠語集では女性をさしています。さらに『警察隠語類集』（昭和三十一年）には、〈ブス＝醜女、不美人〉とみえます（ちなみにブスケのスケは女の逆さことば、〈ナオ助《スケ》〉→スケとなりました）。社会の裏の人びとが醜女をさした隠語《スラング》が、〈附子〉に合流して昭和期に確立したのが、現代語、〈醜女《ブス》〉というわけで、ごく新しい用語です。

085 頁

ページ pêzi

ページ page はいうまでもなく英語からの借用ですが、これに漢字〈頁〉をあてるのも、今日ではすっかり定着しているようです。もっとも漢字、〈頁《ケツ》〉はオオガイの部首名でもおなじみで、この漢字の本来の意味用法と、〈ページ〉との接点については、いささかイメージしにくいところがあるのではないでしょうか。この点、十九世紀前半にシナ、広東で刊行の英華辞典、『五車韻府』を一見しますと、英語の〈紙の一束（a bundle of paper）〉や、〈紙の半面〉が〈頁〉と訳されていて、どうやらシナに滞在したイギリス人宣教師の訳語を、そのまま借りたもののようです。もとより現代中国語も〈頁《イエ》〉を用います。

日本では、明治五年刊の英和小辞典『改正増補英語箋』に、pageが〈半枚、ページ〉と訳されています。シナと同様に、それまで紙や書物は、〈丁、葉〉と紙一枚（裏表で二ページ分）を単位としてかぞえましたので、適切な訳語がなかったわけです。そこで明治二十一年刊行の『和訳字彙』にみえるように、〈page. 半葉、一面、頁《ページ》〉と、明治期になって広く〈頁〉を借りるようになりました。

本家のシナで〈ページ〉に〈頁〉があてられたのは、〈頁〉の音、イエ（ヨウ）が〈葉〉と同じで、かつは〈数える〉の意の〈員〉と字形も類似する点などが考慮されたものといわれています。日本での本格的使用は明治以降ですが、実はすでに江戸後期、滝沢馬琴の日記（文政十二年正月十三日）に、〈ロシヤより漂流民四人帰朝の口書（魯西亜関係の書の意でしょう）写し六十頁余閲之〉と、〈頁〉をみます。貴重な実例といえるでしょう。

086 巻子繰

ヘソクリ
hesokuri

古くて新しい、生活のためのかくし金で、ことに女性のそれをさします。江戸中期の国語辞書、『倭訓栞《わくんのしおり》』に、〈へそくり金　鄙語なり、臍に納めてくり出す金子といふにや〉とあるように、〈臍繰り（金）〉とあてることが多く、その場合、ヘソを身体の〈臍〉と解し、その連想で〈私腹〉の金などと類推してしまったようです。江戸の川柳に、〈へそくりを子の雷につかまれる／恋しさは親父の臑に母の臍〉などとあり、平賀源内『風流志道軒伝』にも、〈涅槃参の数珠袋に、臍くり金の底をたゝき〉と、いずれも〈へそ〉はもっぱら臍と見立ての筆の運びです。また江戸後期の戯作には、〈ちゞばゞがへそくり銭《ぜに》をためる〉と〈へそくり銭〉の言い方もみえます。

しかし時代をさかのぼってみると、中世の国語辞書、『運歩色葉集』に、〈巻子《へそ》糸〉とあるように、〈へそ〉は語源的には臍とは無縁で、〈綜麻・巻子〉です（臍はホソといいました。後出参照）。麻《ソ》をつむぎ、それを幾重にも巻いて細長い棒状にしたもののことで、主婦が内職にこの麻糸を繰って小遣い銭を得たわけです。したがって〈経《へ》（綜）麻繰《そくり》金　経（綜）麻を繰りてためたる金也〉（『俚言集覧』）が正解なのです。

西鶴、『日本永代蔵』に〈胞繰《ほぞく》り金〉と用いていますが、ホゾは〈臍《ほぞ》を噛む〉という慣用句（後悔すること、出典はシナ古典）でもおなじみでしょう。上方語で、江戸ではヘソです。かくし金をさす言い方は、この上方のホゾクリが先で、のちに江戸に入ってヘソクリとなりました。ホゾは、古代語として『日本書紀』にはホソと清音、紫式部もホソで用いました。『下学集』（十五世紀成）にも〈臍《ホソ》〉とあり、江戸初期刊、『増補下学集』でようやく、〈胞《ホソノオ》、臍《ホゾ》〉とみえますので、ホゾの一般化は江戸時代に入ってと考えられます。上方語のホゾはこの正統なる日本語の直系です。

〈臍栗《へそくり》をうばいとられたお袋が蔭《かげ》で打泣く〉（『当世書生気質』）と、〈臍《ヘソ》〉は明治以降も受け継がれ、現在に至ります。しかし私の母は同じことを、〈ホマチ〉ともいっていました。これも江戸語で、〈外《ホ》持〉が語源です。円朝の落語にも、〈懐《ふところ》にある私貯《ほまち》〉などとみえ、昭和まで生き延びたことばです。

087

篦棒

ベラボウ
berabô

井原西鶴の町人物、『日本永代蔵』（十七世紀後半）〈仕合《しあは》せの種《たね》を蒔銭《まきせん》〉の一話に、抜け目のない男が、〈形のをかしげなるを便乱坊《べらぼう》と名付け、毎日銭《ぜに》の山《やま》をなし〉とみえます。いわば畸形の人間を〈便乱坊〉とよび、見世物にして金儲けをしたのが、ベラボウのはじまりというわけです。

一方また、江戸中期の百科事典というべき『嬉遊笑覧』には、半井卜養《なからいぼくよう》（十七世紀）の狂歌として、〈この竹をけづりて穀を押し潰すこれぞまことのそくい篦棒《べらぼう》〉とみえます。〈続飯《ソクイ》〉は飯粒を練りつぶしてつくった糊のことで、そのためのへら（篦棒）に〈穀潰《ゴクツブ》し（役立たず）〉の意を重ね、嘲罵のことばに仕立ててベラボウとした、というのが今一つの語源解です。

〈便乱坊〉と〈篦棒〉と、いずれが本源とも見定めがたいものの、表記としては、〈篦棒〉にしぼられて、江戸語として現代へと受け継がれてゆきます。古い用例は右のように上方が初出のようですが、江戸に流れて、〈篦棒《ベラボウ》〉と一つになり、〈べらぼうめ〉、また〈べらんめえ〉とさらに訛って（主として職人たちの口から）、江戸っ子の代名詞のような啖呵にまで成長をとげました。

江戸川柳に、〈べら坊にもてたと茶屋へ片手見せ／べらぼうめ連れのもてたに腹を立〉など、さらに明治期にはいって、幸田露伴『五重塔』（明治二十四年）に、〈篦棒《べらぼう》めと云ひ捨《すて》て〉とみえます。

しかしこの啖呵を切らせたら、何といっても江戸っ子の末裔、漱石の独擅場でしょう。〈箆棒《べらぼう》め、先生だつて、出来ないのは当り前だ／あのべらんめえと来たら、勇み肌の坊つちやんだから愛嬌がありますよ〉と、名セリフの数々でおなじみです。『坊っちゃん』にはさらに、〈精神的娯楽ならもつと大べらにやるかい〉と〈大べら〉の言い方までみえます。

088

行厨

ベントウ
bentô

室町時代の国語辞書『運歩色葉集』（天文十七年・一五四八年序成）には、〈面桶《メンツウ》／破籠《ワリゴ》／飯筒《ハンヅウ》〉とあるのみですが、十六世紀に来日の吉利支丹宣教師による『落葉集』（慶長二年・一五九八年）に、〈弁当《べんたう》〉がみえ、また『日葡辞書』（慶長八年・一六〇三年）にも、〈Bentŏ. ベンタウ　文具箱に似た一種の箱であって、ひきだしがついており、これに食物を入れて携行する木製の手箱、あるいは小箱〉と、詳細な説明がみえます。

食品を入れて携行するための器としては、右にみえるように、古くは〈破子《ワリコ》（破籠）〉、のちに——鎌倉時代に舶載されたものと思われます——〈面桶《メンツウ》〉がありました。〈ベンタウ〉はおそらく、このメンツウが訛ったものでしょう。一方、茶の湯で道具を持ち運ぶ小箱を〈茶弁当〉とよんでいましたので、〈弁当〉の表記は、こちらとも類推しあってのことかもしれません。〈辨《ベン》（弁）〉

には、〈楽しい、急ぐ、分ける〉などの意味がある点、遊山などに持ち歩くための器の意で、〈弁当〉の漢字語を創作したものと思われます。

十六世紀の国語辞書に、〈行厨《べんとう》、弁当《同》〉（『早大本節用集』）、しかし十七世紀のものには、〈弁当《ベンタウ》 本名ハ行厨《アンチウ》〉（『和漢音釈書言字考節用集』）と、〈弁当〉が先に示され、江戸時代も中ごろになると、〈弁当〉が常用されている様子がうかがえます。『和漢三才図会』（正徳四年・一七一四）には、〈人数ニ配当ノ能《（よく）》其事ヲ弁ズ、故ニ弁当ト名クル乎《（か）》〉と現代風の解がみえます。これは漢字からの俗解でしょう。

西鶴の小説に〈弁当〉（『西鶴置土産』）とみえ、江戸川柳にも、〈弁当もそろ〳〵ひらく花の元〉などとありますが、これは明治以降も、〈弁当《べんたう》を背負《しょ》はせて学校へ〉（二葉亭四迷『浮雲』）と受け継がれます。しかしシナ語由来の〈行厨〉も、〈休みには必ず行厨《べんたう》をかかへて〉（斎藤緑雨）のように、しぶとく生き残りました。現代中国語では〈飯菜《ハンサイ》・盒飯《ヘハン》・便当《ブランダン》〉などと使います。

089 母衣

ホロ
horo

武士が戦場で鎧《よろい》の背にかけ、袋状にふくらませて用いた布のことです。流れ矢をふせぎ、自己の存在を示す標識でもありました。『平家物語』巻九に、〈あか皮おどしの鎧きて紅のほろをかけ〉

と描かれる、一ノ谷の合戦での熊谷直実の勇姿でもおなじみでしょう。
〈母衣〉の表記については、十五世紀成立の『下学集』に、〈縨《ホロ》 母衣《ホロ》ニ作ル、言ハ孩《ミド》児《リゴ》（ガイニ）母ノ胎《タイ》ニ在ル時キ、頭ニ胞衣《ハウエ》ヲ戴キ、以テ諸毒《ドク》ヲ防《フセ》グ也。今ノ武士、戦場ニ臨《ノゾ》ム時《トキ》ニ縨《ホロ》ヲ戴キ以テ敵ニ向フ蓋シ胞衣ニ喩《タトヘ》テ毒ヲ防グ也。母胎ト戦場ト生死二ノ時也〉とあるのが参考になります。戦場で武士の身を守るホロを、出産時に胎児を包み守る胞衣《ホウイ》（エナとも）にたとえて、〈母衣〉とあてたというわけです。日本漢語の一典型です。〈母〉はム・モ・ボなどの音をもちますが、ボに通じてホの音を示す字として用い、〈衣〉はコロモの訓の一部を略してロとよんだか、あるいは全体でホロにあてたのでしょう。江戸川柳には、〈ほろ武者はふくれてみたりしなびたり／母衣かと見える遠乗りの巻羽織〉と、武士をからかった句がみえます。

転じて馬車や人力車の覆い（日よけ・雨よけ）もホロとよばれ、今日ではふつう〈幌〉の字を用いますが、〈暗い門の外には母衣《ほろ》の掛った一台の俥《くるま》〉（島崎藤村『新生』）のように、現代の意味でも〈母衣〉の表記が用いられることもありました。また蛇足ながら〈御母衣《ミホロ》ダム〉（岐阜県）に〈札幌《サッポロ》〉（アイヌ語で広大な草原の意）と、両表記ともに不思議と地名に縁があるようです。

母衣をかけ馬を進める熊谷直実
〈一の谷合戦図屏風〉部分
江戸時代、永青文庫蔵

090

老成

マセ
mase

あの子はオクテだのマセだのと、人の成長ぶりを評したりしますが、オクテは本来、稲などの植物の成熟の様子を示すのに用いました。〈早稲《ワセ》・中手《ナカテ》〉に対して〈晩稲《オクテ》〉ですが、今から一千年以上も前に編集された日本最古の百科事典、『和名抄』に、きちんと〈早稲 和勢《ワセ》／晩稲 於久天《オクテ》〉とあり、まことに古いことばです。〈ワセ〉は『万葉集十』にも、〈速稲《ワセ》を刈る〉とみえます。

ついでにふれておきますと、『和名抄』では、〈五穀ノ長〉は稲や米ではなく、麦となっています。これはシナ書からの引用のためで、シナと日本では五穀の中身も異なる点も心得ておくべきでしょう。〈畑《ハタケ》（シナ語の火田から）／畠《ハタケ》〉なども和製漢字なのです。

オクテに対して〈老成《マセ》・早熟《マセ》〉ともいいますが、この〈マセ〉は、『万葉集五』に、〈まされる宝子にしかめやも〉とか、『源氏物語』に、〈若君の御事まさり給へる〉など、勝・優・賢の漢字で考えられるマサルと同根語でしょう。〈マセ〉は江戸初期からみえ（〈老成《マセ》〉の用字は古典シナ語に由来）、近松門左衛門、「雙生《ふたご》隅田川三」（享保五年・一七二〇）に、〈ませた餓鬼《がき》めと拳《こぶし》三つ四つ喰《くら》はせ睨《にら》み付け〉、十九世紀の江戸でも、『浮世風呂三下』に、〈ませた口をきゝます〉、また江戸川柳に、〈ませ娘歯より乳首を先へ染め〉などとみえます。明治期にはいって、二葉亭四迷『浮雲』に、〈年齢には増《ま》せた事〉、樋口一葉『十三夜』に、〈女はませたものではあり〉のようにみえ、少しおくれて、泉鏡花『日本橋』に、〈老成《ませ》た事を云つて〉、三島由紀夫『禁色』に、〈老成《ませ》た表情〉と、〈老《マ》成《セ》〉が目につくようです（ただしこれは江戸初期からみえる用字です）。変わり種としては、島崎藤村『破戒』に、〈省吾なぞから見ると、ずつと夙慧《ませ》た少年で〉と、〈夙慧《ませ》〉がみえます。幼時より聡明の意のシナ語、〈夙慧《シュクケイ》〉にあてたわけです。

091

真魚板

マナイタ
manaita

魚肉や野菜などの食材を包丁で調理するのに用いる板のこと。最古の百科事典、『和名抄』に、〈俎 和名、末奈以太《マナイタ》〉とあって、古代から現代まで一貫してマナイタです。マナは〈真魚〉または〈真菜〉。真《マ》は接頭辞で一種の美称、ナは〈鍋《ナベ》／魚《サカナ》〉のナと同語で、魚肉や野菜など、食用となるものの全般をさします。

漢字表記は、十五世紀成立の『下学集』に、〈末那板《マナイタ》、俎板《同》、俎《同》〉、江戸中期の国語辞書、『和漢音釈書言字考節用集』に、〈俎《マナイタ》、切机《同》、棚几《同》、魚盤《同》、末那板《同》〉、またほかに、〈木砧、魚板〉（『和漢三才図会』）、近世シナ語からは〈肉几、肉案、砧頭〉（『雑字類編』）などと実にさまざまで、その用途の広さを感じさせます。また江戸川柳では、〈をとこ一疋まな板へ横にねる／俎板へ乗るもあづまの男伊達〉などと、江戸っ子の勇みを示す小道具として印象的です。いずれも江戸の諺、〈まな板の鯉（魚）〉、ただ死をまつのみの譬えが背景にあるのでしょう。

なお〈サカナ〉について一言。これはもとサケ（酒）のナ（魚・菜）で、魚に限らず酒に添えて供する料理のことをいいました。とはいえ酒にはやはり魚料理があうということで、〈魚〉の字をあてることになったわけです。したがってうるさくいいますと、〈魚〉のよみとしては〈ギョ・ウオ〉が正式、〈サカナ〉は生活のことば、ということになります。魚屋《さかなや》といってもウオヤといわず、魚河岸《うおがし》といってもサカナガシといわぬ所以《ゆえん》です。第二次大戦後、文部省が学校教育の現場から宛字を排そうとした時期がありましたが、そのために、〈魚〉をサカナとよむと教えることが禁じられる、という滑稽な事態とあいなりました。ことばは一つの社会的手形ですから、慣習を無視しての人為的な線引きは禁物でしょう。

092

肉刺

マメ
mame

日本語の〈マメ〉に古典シナ語の〈肉刺〉をあてたのは、おそらく手足などに豆のような水ぶくれができて、ズキズキ痛むところからでしょう。『和名抄』に〈肉刺　和名、乃以須美《ノイズミ》〉とあって古くは〈ノイズミ〉が正式、〈マメ〉は俗称だったわけです。ノイズミは〈芒《ノギ》スミ〉の訛りで、チクチク擦れて刺すように痛むところからです。現代中国語では〈水泡《シュイパオ》〉といい、こちらはマメに似て状態そのものをいうわけです。

〈肉刺《マメ》〉は十五世紀の公卿の日記にみえ、中世の日本語でしょう。江戸初期の国語辞書、『増補下学集』では、〈肉刺〉に〈ノイスミ・マメ〉の両ヨミをあたえ、註して、〈靴を著テ小シ相ヒ揩スルニ由テ生ズル所也〉（漢文体）とみえます。このころは古代語と近代語が同居しているのでしょう。江戸中期の国語辞書には、〈肉刺《マメ》〉のみがみえますが、シナの医書、『病源論』を引用、〈靴ヲハキ相揩《スツテ》生ズル所〉と、同じような解説です。

なお漢字〈肉〉は、祭礼に供えるニクを文字化したもので、偏《ヘン》（部首）の〈月《ニクヅキ》〉はこの〈肉〉の字の変形です。漢字の〈月〉は、〈舟・月・肉〉の三字源があって、肉→月は肉月《ニクヅキ》とよんで（日月の月《ツキ》などと）区別したわけです。また〈肉《ニク》〉は古典シナ語をそのまま借用したもので、日本語は〈シシ〉です。姓の〈宍戸《シシド》〉のように〈宍〉の字もあてますが、これは〈肉〉の異体字です。『和名抄』に〈肉 和名、之之《シシ》〉とあるとおりで、肉《シシ》を提供するのが、〈鹿《カ》ノシシ・猪《イ》ノシシ〉というわけです。植物のみでなく、コトバも外来語が在来種を駆逐します。

もう一点、〈肉刺《マメ》〉の親戚の〈胼胝《タコ》〉についても一言。こちらの〈胼胝《ヘイテイ》〉も古典シナ語ながら、〈胼〉がアカギレ、〈胝〉はマメを意味しますので、日本語とはいささかずれがあるようです。また和名の〈タコ〉は、『和名抄』〈牛馬病〉に〈脊瘡 俗ニ云フ多胡〉とあって、本来はシナで馬の背に荷物などでできるコブのことをさしました。また中世の『運歩色葉集』には、〈尰《タコ》〉とみえます。〈尰〉はハレモノ、デキモノのことです。

タコの語源については、鎌倉時代の『名語記《みょうごき》』に、〈蚸《タコ》〉の吸盤に見立てたという説と、〈手ノコハキ所ナレバ手コハノ義カ〉と、手《テ》＋コハ→タコと解する説とを示しています。またタコは〈耳にたこができる〉の慣用句でもおなじみですが、こちらは『日葡辞書』に〈耳ニタコニナツタ（聞きあきた）〉などとみえ、中世から用いられたようです。明治期にはいって、樋口一葉『にごりえ』にも、〈同じ事は耳にたこができて気《き》の薬《くすり》にはならぬ〉とみえます。蛇足ながらここの〈気の薬〉は西鶴の作品などにもみえ、〈気の毒〉（本来は自分自身にとって迷惑の意）に対して、気晴らしになるような楽しいことをさすわけです。

093 歌女

ミミズ mimizu

古代歌謡、催馬楽《さいばら》に〈力なき蝦《かへる》、骨なき蚯蚓《み、ず》〉とうたわれ、また『和名抄』にも、〈蚯蚓 和名、美々須《ミミズ》〉とあって、古くからミミズの名でおなじみです。〈耳受《ミミズ》〉（『新撰字鏡』）などともみえますが、和名のミミズは一説に、〈目見ズ memizu〉の意で、e《エ》→i《イ》と母音交替でミミズ mimizu となったといいます。またそれとは別に、ミミスと清音で考え、スはカケス、ホトトギスなど鳴く鳥を示すスと共通する、つまりミミと鳴くところからとする説もあるようです。

これとの関連で興味深いのは、〈歌女、蚯蚓、蜿蟺 ミミズ〉（『類聚名義抄』）、また〈螼蚓《ミミズ》、土龍 同〉

／歌女《カジョ》ミミズ也〉（『和漢音釈書言字考節用集』）など、中世～近世とはやくからミミズに、〈歌女〉の用字のみえることです。『塵添壒囊抄《じんてんあいのうしょう》』はこれを、〈抑ミ、ズヲ歌女ト云テ歌ウタフコトアリ〉と、ミミズが鳴くことに由来するものと説明しています。

ミミズがほんとうに鳴くかといえば大いに疑問ですが、俳句でも、〈蚯蚓鳴く〉といえば秋の季語、ミミズを鳴く生物として扱う伝統は長くつづきます。地中の螻蛄《ケラ》の鳴き声を蚯蚓のそれと取り違えたもの、というのが一般的な説明ですが、幕末、〈螻蛄ノ鳴クハ雨フル時ニ在リテソノ声短シ、蚯蚓ノ鳴クハ晴タル時ニ在リテソノ声長シ自ラ分別アリ〉（『本草綱目啓蒙』）と、これに異を唱える本草学者もおり興味は尽きません。

094 苞苴 ミヤゲ miyage

室町時代以降に使われるようになったことばで、古く〈ミアゲ／ミヤゲ〉の両語形をみますが、『運歩色葉集』に、〈見挙《ミアゲ》〉、『易林本小山板節用集』にも〈土産《ミアゲ》〉とあって、本来は〈ミアゲ〉です。その土地の産物などのなかから、〈よく見て、考察して、よきものとして選びあげた見あげもの〉ということでしょう。〈見上げた行為・見上げた志〉などの〈見上げ〉と同根語で、限定した特別な用法が固定化したものですが、のちに発音上ミヤゲと訛ります。miage → miyage と y 音をはさみ、

095

六借

ムツカシ
mutukasi

発音しやすくしたわけです。ちょうど場合《バアイ》をバヤイというように。

江戸川柳に〈みやげにもならぬ杓子を旅で買ひ／土産《みやげ》にと思ふ壺屋の煙草入〉などとあり、幕末、滝沢馬琴の日記に、〈手土産・手みやげ〉がよくみられます。また〈此娘の事……やうやう銀弐百枚《まい》みやげを付ます〉（西鶴）と、江戸期には嫁入・婿入の際の持参金もミヤゲ（ガネ）といいました。

〈土産《トサン》〉は、土物ともいい、古典シナ語で、その土地の産物の意です。内容が合致することから、やがて〈土産《ミヤゲ》〉を採択して現代にいたるわけです。ちなみに〈観光《カンコウ》〉も古典シナ語で、この場合〈光〉はその土地の産物をさします。〈観〉はミアゲルが原義です。

日本ではまた、ミヤゲに〈つと・いえづと〉などの語が万葉集の時代から使われてきました。ツトはもと藁などを束ねた包みのことで、〈苞《ホウ》・苴《ショ》〉などの字をあてますので、時代が下るとこれらの漢字にも、〈家苞《ミヤゲ》・苞苴《ミヤゲ》〉とあてられ、明治期に入って、須藤南翠『緑簑談』に〈自ら家苞《みやげ》を購需《かひもと》めて〉とか、森鷗外も〈その折には苞苴《みやげ》もてゆくことなるが〉（『即興詩人』）と用いています。ほかに〈門歡《みやげ》〉（西鶴『好色一代男』）、〈見舞《みやげ》〉（漱石『三四郎』）など、用字はさまざまです。

〈誰人《だれ》も六借言《むつかしくいふ》わけでもなひ〉(『春色梅暦』)、あるいは、〈奥様方の御身にては何も六ヶ敷《むづかしく》〉(渡部乙羽)のように、江戸から明治にかけてのものを読んでいますと、〈六借〉あるいは〈六ヶ敷〉でムツカシ／ムズカシイとよむ例によく出あいます。〈借〉はカリルですが、カスでも用いたので、こうした用字がでてきたのです。

十五世紀成立の国語辞書『下学集』に、〈六借《ムツカシ》　日本ノ俗ノ世話〔俗語〕也〉、『運歩色葉集』に、〈六借《ムツカシ》、六ヶ敷《ムツカシク》〉、江戸中期の『早引節用集』にも、〈六ヶ敷《むつかしく》〉とみえ、さらに大正期の詩人、中原中也も〈食べだしてからは六ヶ敷《むつかし》い〉と歌っています。かれこれ六百年は用いられている常用の用字というわけです。ヨロシクを〈宜敷〉、アサハカを〈浅墓〉、アナカシコを〈穴賢〉、アラマシを〈荒猿〉なども、中世からの日本人独自の用字です(→浅猿《アサマシ》)。

『源氏物語』に、〈むつかしき御気色〉と、ムツカシが不機嫌の意でみえますが、これは現代、子どもがムズカルというときのムズカルと同じ意味あいで用いられています。鎌倉期の『類聚名義抄』にも〈憤懣　ムツカシ〉とみえ、形容詞、ムツカシと、動詞、ムズカルとは、いわば同じ語の二つの顔です。

〈ムツカシ〉は、十八世紀にはいって〈ムヅカシ〉と濁音のかたちがでてきたようです。洒落本、『南閨雑話』(安永二年・一七七二)に、〈何だかむづかしそふだね〉と〈ムヅカシ〉がみえます。二十世紀まで清濁両形が併用され、〈ヅ／ズ〉も両表記混在でした。第二次大戦後、国語審議会の答申をへて、現在のように〈ムズカシイ〉のほうが一般的表記となりました。

右に〈憤懣《ムツカシ》〉とみえたように、いきどおるべきこと、精神的に不満という点が基幹となって、不機嫌、めんどう、厄介である、などの意、さらにその要因と関連して、困難なこと（問題）、わかりにくいことなど、具体的なものごとについても転用されて今日にいたります。

096

無手法

ムテッポウ
Muteppô

〈親譲りの無鉄砲で……〉と、『坊っちゃん』の書き出しであまりにも有名な〈無鉄砲〉ですが、江戸川柳の一つに、〈無鉄炮な思案も借して馬洗ふ〉（文化十三年・一八一六）とみえ、向コウ見ズの意の江戸語です。江戸後期の戯作者は、〈関東の下世話、無天罰の訛、天罰知らずといふに同じ〉（『柳亭記』）と書きとめています。元禄ごろから用いられたともいい、俗語の中の俗語という判定です。しかしこれとは別に、〈無鉄炮〉のもとは〈無手法《むてつぼう》〉で、ムテホウ↓ムテッポウと訛ったとも考えられます。

明治期、『坊っちゃん』よりはやく、露伴『五重塔』に、〈丈夫にはなりましたが彼通の無鉄砲〉とあり、また福地桜痴の作品には、〈是と目指たる的標《あてど》もない夢鉄砲〉（『もしや草紙』、明治二十一年）とさらなる珍種もみえます。一方、〈望むところは沈勇、沈勇だ。無手法《むてつぼう》は困る〉（徳富蘆花『不如帰』）と、〈無手法〉も並行して用いられています。ただしこちらは語源がはっきりしません。

ついでをもって、同じような雰囲気の江戸っ子気質を漂わせることば、〈滅茶〉〈無茶〉〈無闇〉

についても一瞥しておきましょう。

江戸後期の滑稽本『四十八癖初』（文化九年・一八一二）に、〈生酔《なまゑひ》がきてめっちゃにかき廻す〉とありとメッチャがみえ、また江戸末期の人情本に、〈其さわぎで勘当も何もめっちゃくちゃ〉とあります。現代のメッチャの用法の根源はこのへんにありそうです。しかし一般に、中世・近世とも辞書類にみえませんから、俗中の俗というべき江戸俗語だったのでしょう。語源は未詳ですが、分別のないさまをいう中世語〈めた〉は時代が下ると〈めった〉（メッタニ〜ナイ、のメッタです）と促音化しますので、これがさらに訛ったものかもしれません。

二葉亭四迷の小説に、〈此財産を引掻き廻されて滅茶〳〵にされつ了《ちま》ふ〉（『其面影』）、また漱石の手紙（和辻哲郎宛）にも、〈からだを滅茶苦茶に破壊して仕舞ひ〉とあるように、明治時代になって、〈滅茶・滅茶苦茶〉と漢語的用字がみえるようになりました。現代ではさらに、〈けたたましい音をたてて、目茶苦茶に壊れた〉（『太陽の季節』）のように、〈目茶〉とも用いるようです。

またメチャ・メッチャの親類というべきムチャですが、こちらも江戸後期の滑稽本、『花暦八笑人』に、〈エ、なんだかむちやくちやになつた〉のようにみえ、『安愚楽鍋二下』（明治四年）に、〈文盲《ものしらず》の無益論《むちやろん》〉、樋口一葉『十三夜』に、〈無茶苦茶《むちやくちや》にいじめ立てる〉、同じく『にごりえ』には、〈お前無茶助《むちやすけ》になりなさんした〉などとあって、漢字をあてる例は明治以降のようです。やはり語源未詳ですが、私見では、〈着実〉を否定する〈無着実〉を想定して、無着《ムチヤク》→ムチャと造語したのではないかと考えます。あとにつづくクチャのほうは、一種の語呂合わせかもしれませんが、ムチャについては、意味を切りはなして音だけからつくられたとは考えにくいのです。なお漢字

〈着《チャク》〉は、『大字典』に正式な漢字として立項していません。〈著《チャク》〉が正字で、いわば俗字のような扱いです。正しくは〈著実《チャクジツ》〉なのです。

最後にムヤミについても一言。これもやはり江戸時代は仮字表記が中心で、明治期に入って、〈無暗矢鱈《むやみやたら》に敵手《あひて》にしかへしを為《し》やう〉（坪内逍遙『当世書生気質』）のように漢字があてられました。ほかに〈無闇《ムヤミ》・妄闇《ムヤミ》・無稽《ムヤミ》・妄み《ムヤ》〉などなど、例をあげればキリがないほどで、それこそメッタヤタラに戯作漢字漢語が仕立てられたわけです。明治は漢字漢語の只管《ヒタスラ》な増産の時代でした。

097 乙張
メリハリ
merihari

物事、文章、話などに、強弱や高低、抑揚といった変化をもたせることを〈メリハリをつける〉といいますが、このメリハリは漢字をあてると、〈乙張〉または〈減張〉となります。

語源的には〈メリカリ〉の訛りで、江戸中期の国語辞書、『倭訓栞《わくんのしおり》』に、〈めりかり　音の甲乙をいへり〉として、乙《オツ》はメイル（減）、甲《カン》はアガルといい、〈上下・軽重〉ともいうと解説。〈減甲《メリカリ》・乙甲《メリカリ》〉が正式のようです。これは邦楽用語で、笛、尺八、三味線などを演奏する際、音を下げるのをメリ、上げるのをカリといいました。いわば高低や抑揚をもたせた全体の調子が〈メリカリ〉

です。室町時代の花伝書の一種に、〈太夫のメリカリを聞き分け〉と能の謡《うたい》の場合がみえ、江戸期にはいって、狂言論、『わらんべ草一』（万治三年・一六六〇）に、〈昔は太鼓人に持たせてうつ。……今は台にかけてうつ故、乙甲《めりかり》うたわず〉とあります。さらに江戸時代も後半になって、洒落本、『当世まゝの川三』（天明五年・一七八五）に、〈利八〔人名〕は声《こへ》はよけれども甲乙《めりはり》が足《た》らぬ〉などとみえ、メリカリ→メリハリと訛ったわけです。

こうして江戸時代には、音楽に限定せず、歌舞伎のセリフや、さらに譬喩的な用法として広く転用されました。江戸中期成立の『役者論語《ばなし》』にみえる、〈今の敵役にめりはり〔強弱〕の差別なく〉と、押し手の歌舞伎役者の演技への批判などその一例です。それにともなって、カリ→ハリと訛り、漢字も、〈甲《カリ》〉の代わりに〈張《ハリ》〉などとあてるようになりました。この流れで現代では〈興奮した心の減張《めりはり》に引摺られながら〉（宮本百合子『伸子』）のように使われることが多くなったわけです。〈甲《カン》高い声〉や〈乙《オツ》な塩梅〉などの表現も、乙張《メリハリ》の亜流です。

なおメリは〈重い荷物で、肩がめりこみそう〉などのメリと同じで、深く重く落ち込むこと、くいこむことを意味するのが本源です。江戸川柳に〈土手へ鳥居がめりこんだやうに見へ〉とあり、また〈一両や二両のめりの出るのは当然《あたりめえ》だ〉（人情本、『春色雪の梅』）のように、失費などにも用いるようになります。

蘖

古代、芽が出ることをモユ（モエル）、芽を出させることをモヤスといいました。鎌倉時代の『類聚名義抄』に、〈萌　キザス、モユ〉とみえるとおりです。したがって今のように大豆などのマメ類にかぎらず、さまざまな植物の〈モヤシ〉がありました。江戸期の随筆に〈今世、小豆のもやしを料理家にて用ふ……大麦のもやしは麦芽とて薬品に用ひ又飴を造るに用ふ、其外独活《ウド》、防風《ボウフウ》、山椒芽などのもやし皆土室を構て非時の珍物を造ることおほかり〉とみえます。大麦（麦芽）やウド、アスパラガスについても、モヤシがつくられて、利用されていたわけです。

漢字は〈蘖《モヤシ》〉また〈萌《モヤ》し〉などとあてますが、古代では、『和名抄』に、〈蘖　和名、与祢乃毛夜之《ヨネノモヤシ》〉、『本草和名』に、〈大豆黄巻　末女乃毛夜之《マメノモヤシ》〉、中世、『運歩色葉集』に、〈蘖米《モヤシ》、蘖《モヤシ》米麦〉、また下って江戸中期、『和漢音釈書言字考節用集』に、〈蘖芽《モヤシ》　米麦／黄巻　同　大豆〉とあります。米麦のそれは〈蘖《モヤシ》〉、大豆のそれは〈黄巻《モヤシ》〉などと書き分けることになってきたようです。したがって江戸時代、麦酒《ビール》製造法を蘭書から翻訳紹介するにあたり、〈忽布《ホップ》〉（オランダ語、hop）などとともに、モルト（麦芽、英語、malt《モルト》／オランダ語、mout《モウト》）は、〈麦蘖〉（麦もやし）と訳されました。

モヤシのモヤは〈モエ〉の語形変化ですが、モエはさらにモとエに分けられ、モ mo はメ me（芽）

の母音交替、エはオヒ（生）の短縮形です。つまりモエ・モヤは〈芽ガ出ル〉の意、というわけです。漢字の〈蘖《ゲツ》〉（俗字、〈櫱〉が正字）はコウジにあてることもありました。

099

豹脚

ヤブカ
yabuka

脚に黒白の縞模様をもつ大柄の蚊です。都心ではみられないでしょうが、鎌倉にはまだまだ健在です。文字どおり、藪・籔などの木の茂み、草の茂みを住まいとするところからの命名です。およそ十五世紀ぐらいから〈豹脚《ヒョウキャク》〉の呼び方でものの本にみえ、西鶴の『懐硯』には、〈豹蚊《やぶか》〉とみえます。『和漢音釈書言字考節用集』には〈豹腳《ヤブカ》〔脚〕 藪蚊俗字〉とあって、〈藪蚊〉と書くのは俗、日本人によるもので、江戸時代も半ばごろからの用字です。〈豹脚（蚊）〉はシナの人がヤブカを脚に斑点をもつ豹に見立てたもので、現代中国語でもあります。シナの人が形や姿からの命名であるのに対し、日本人は棲息の場や生態に注目しました。静と動の見立ての違いです。

蚊にまつわるところでおもしろいのは、〈漆に痒《カブ》れた〉などのカブレは、〈蚊触《カブ》レ〉で、江戸の語源研究家、新井白石は、蚊にさされてはれたところが本源といいます。百人一首の撰者として有名な藤原定家も、日記、『明月記』（十二世紀〜十三世紀初）に、〈蚊触〉と書いています。現代の国語辞典では〈気触れ〉としていますが……。

また蚊の幼虫のボウフラ（リ）はその状態から名づけたのでしょうが、シナでは〈孑孑《ケツケツ》〉です。ボウフラの形が〈孑《ケツ》〉の字と似ているところからのようです。〈孑〉は子供の〈子〉と似ていますが、漢字はときにごく小さいところで全くの別字となります。〈干《カン》〉と〈于《ウ》〉もそうですが……。

100

大養徳

ヤマト
yamato

〈大和は国のまほろばたたなづく青垣山こもれる大和しうるはし〉(『古事記』)——ヤマトタケルの国偲びの歌としておなじみですが、原文では右のヤマトは、〈夜麻登〉。またヤマトタケルは、『古事記』では、〈倭建命〉、『日本書紀』では、〈日本武尊〉の表記です。『記紀』の編まれたころは〈大和・倭・日本〉など、すでにさまざまな表記がおこなわれていたわけです。

ヤマトは本来、現在の奈良県の一部をさす地名で、やがて日本全体の呼称となりました(したがって〈大和民族〉などの言い方は、曖昧で誤解の余地も大きく、避けたほうが賢明)。そして『続日本紀』(延暦十六年・七九七成)には、天平九年(七三七)に、〈大倭国《ヤマト》〉を〈大養徳国《ヤマト》〉に改称したとの記事がみえます。度重なる疫病の流行を天の咎めと受け止め、いっそうの徳を養うべしとの意をこめたものといいます。しかしこれは数年後にいったん〈大倭国〉に戻され、さらに〈大和国《ヤマト》〉と改められた(天平勝宝元年・七四九年)由、一連の経緯が書きとめられています。〈大養徳《ヤマト》〉の表記の典拠とされるところですが、史的事実としては疑わしい点があります。

一方、シナの歴史書、『魏志倭人伝』に、〈邪馬臺《ヤマト》(台)〉とあるのはよくしられるところですが、当時、多くの小国に分けられていた日本列島ですから、これも一小国の呼称にすぎません。中世の辞書『運歩色葉集』には、これをふまえて、〈野馬臺《ヤバタイ》日本捴名也、支那人、大和ヲ呼ビテト曰フ、是レ字ノ音ヲ以テ和訓ニ釈ル也……唐ノ則天武后ノ時、改メテ日本国ト曰フ也〉とあります。しかしこのヤバタイは後世の誤り、シナ古典語、〈臺〉はトの古音ですからヤマトと読むべきです（現代のヤマタイも同様に誤読です）。

ヤマトの語源については未詳ですが、一説に、四方を山に囲まれているので、〈山と山の間にある土地〉の意ともいわれます（山門《ヤマト》の表記もあります）。ちなみに〈奈良《ナラ》・寧楽《ナラ》〉については、私自身の学習から、朝鮮語の〈나라《ナラ》＝国〉と関連すると思います。朝鮮の人びとが多く渡来し、定住していた地でもあります。

またついでをもって、〈飛鳥《アスカ》〉についても一言。地名また人名としてよくなじんでいますので、読むのに支障はなさそうですが、ではなぜ〈飛鳥〉でアスカ、なのでしょう？『岩波古語辞典』に〈枕詞「飛ぶ鳥の」の表記をそのまま使ったもの〉とあり、この解説のとおりです。『万葉集』に、〈飛ぶ鳥の明日香《アスカ》の里を置きて去《イ》なば……〉（巻一）と、〈明日《アス》〉を言い出すための一種の誘い言葉として、〈飛ぶ鳥の〉というフレーズが使われている例がみえます。ここに含まれる〈飛・鳥〉の漢字二字をそのまま次の語にスライドさせて〈飛鳥《アスカ》〉とした、日本的レトリックというわけです。

研究者のなかには、この飛ぶ鳥がどんな鳥かを吟味している方もいるようですがナンセンス。レトリックにすぎず、どんな鳥でもかまいません。むしろ〈飛ぶ鳥の如く〉不確かな〈明日《アス》〉、何が起こるかわからない未知の明日、という不安の表現である点に留意しておく必要があります

（シナ古典、『荀子』にもみえる譬喩）。〈飛鳥川〉という言い方も同様に、実在する川ですが、古来から和歌では、〈移り変わって常なきこと〉の譬えとしてみえます。

同じような枕詞からのスライドの例に、〈春日《カスガ》〉があります。『日本書紀』歌謡に、〈春日《ハルヒ》の可《カ》須我《スガ》の国に……〉（巻十七、安閑天皇御製）とみえるように、もとは地名のカスガの枕詞（内容的に、〈かすみ立つ長き春日《はるひ》〉（『万葉集』）と歌うように、春の日の光のかすむような感じから、カスガにつながるわけでしょう）の表記であったものが、アスカと同じくスライドして〈春日《カスガ》〉となりました。

101

壁虎

ヤモリ
yamori

池袋に住んでいた四十年前も鎌倉に住む今も、わが家はヤモリのすみか。湿気を好み、どこかかわいい爬虫類です。詩人の薄田泣菫は、ヤモリの親子の愛情のふかさをすばらしい日本語で語りつづっています。幼い日に読んだ記憶があります。

江戸時代の国語辞書をみますと、〈壁虎《ヤモリ》、守宮《同》、蝘蜓《同》〉とシナ語三種がヤモリにあてられています。〈壁虎《ヘキコ》〉は、一見いかめしい姿で壁をはう姿からでしょう。指先の吸盤で壁にぴったりの姿はまた忍者のようでもあります。ただしこの呼称には〈俗ニ此字ヲ用フ〉ともあって、〈守宮〉を正式としています。〈守宮〉はシナの本草書にみえ、和名の〈ヤモリ〉と同様、宮・家ヲ守ル益虫として珍重されたことをうかがわせます。
英語ではgeckoといって、こちらは鳴き声からでたようです。江戸後期の博物学者も〈夏月夜屋壁ニ居リ或ハ木ニ縁リテ虫ヲ採リ食フ……時ニ尾ヲ挙ゲ旋転シテ鳴ク〉（『本草綱目啓蒙』）と観察しています。同書にはまた、〈守宮　イモリ古名　ヤモリ京　カベコ筑前……〉ともあって、イモリ（こちらは焼いて媚薬に用いました）と混同したふしもみえます。筑前の方言として紹介されているカベコは、先の〈壁虎〉の湯桶読みの類です。また〈家虎・如虎〉といえばシナ語で猫のことです。

102

脂茶

ヤンチャ
yantya

〈やんちゃ〉は、はやく西鶴の俳諧にもみえますが、江戸中期、十八世紀初頭の雑俳に、〈ぶちかへるやんちゃや坊主で助太郎〉、あるいは〈やんちゃやをなをす神鳴の音／脂茶《やんちゃ》でも母が賺《すか》せば神心〉などとあります。同じころの近松門左衛門、「丹波《たんば》与《よ》作待夜《さくまつよ》の小室節《こむろぶし》」（宝永五年・一七〇八）にも、〈くはんとうへいくことはいやじや〳〵とやんちゃばかり〉とみえるように、上方語として発生しました。江戸へ流れて、同じ浄瑠璃という点では、平賀源内『神霊矢口渡《しんれいやぐちのわたし》』（明和七年・一七七〇）にも、〈稚子《をさな》の餓《うゆ》れ泣出すやんちゃ声〉と、幼児がだだをこね、我儘《わがまま》をいうのをさすことばとしてみえます。のちには大人が幼児のように無理をいったり、勝手なふるまいをしたりするのをさして用いられるようにもなりました。江戸に移って、『浮世風呂二上』に、〈やんちやんが能《よ》うございますのさ〉とみえるように、ヤンチャンとも訛りました。

幕末の『俚言集覧』に引用の『貞享節用集世話詞』には、〈脂茶者　ヤンチヤモノ〉とあり、〈脂茶〉の表記がみえます。ヤンチャは松脂《ヤニ》と関係することばで、松脂《マツヤニ》がねばついて扱いにくい点から、ヤニチャ→ヤンチャとなったと考えられます。〈チャ〉は〈無茶〉などからの連想でしょうか。漢字をあてた例としてはほかに、〈としまもしんぞも大元気《おほやんちやん》よ〉（滑稽本『七偏人』、文久三年・一八六三）、明治にはいって、〈何《なん》の罪なき頑要《やんちや》ざかりの猪之《いの》〔子どもの名〕まで自《おのづ》と浮き立たず〉（幸田露伴『五重塔』）などともみえます。

103

白雨

ユウダチ〔フ〕
yûdati

漱石の小説を読んでいると、〈白雨《ゆふだち》が来るかと待つて居る時〉（『吾輩は猫である』）のように、しばしば〈白雨《ユウダチ》〉に出くわします。文字どおり夕立（の雨）を白色と見立てた古典シナ語です。真っ白にみえるほど雨が激しく降っているという目前の景です。中世末期の国語辞書、『易林本小山板節用集』に、〈凍雨《ユフダチ》、暴雨《同》、白雨《同》〉とみえ、また〈白雨《ゆふだち》棒をならべたてたる如くふりいだし〉（坪内逍遥）

のように、明治期に入っても常用されました。

〈夕立《ユウダチ》〉の〈立《タチ》〉は気配が立つの意で、本来は〈夕方の気配がみえること〉をいいます。そうしたころに降る雨ということで、〈夕立の雨〉を略した言い方。『万葉集十六』に〈夕立の雨うち降れば……〉とみえるように、古来からの日本語です。江戸川柳にも、〈夕立をはだしに成て追かける〉などとあります。

〈夕立〉といえばまた、〈夕立は馬の背を分くる〉(『譬喩尽』、天明六年・一七八六成)などともいいますが、これは馬の背の右と左で、雨に濡れるところと濡れないところに分けられるほどだというわけで、夕立がごく狭い範囲に降ることを強調した譬《たと》えです。西鶴の俳諧集に、〈白雨のきてつよき春雨、馬の背に限りありてやちる桜〉、江戸川柳にも、〈夕立に馬を半分ぬらす也〉などとあって、江戸初期からよく用いられた慣用句でした。ユウダチはまた方言で、〈私雨〉などとも俗称されたようです。『物類称呼』(安永四年・一七七五)に、〈相州箱根山にて○わたくし雨〉とみえます。

104 明衣 ユカタ yukata

今もむかしもかわらぬ夏の浴衣姿、といいたいところですが、日本古来の伝統と簡単にいってしまえるかどうか……。広く一般に不断《ふだん》着とされるようになったのは、十七世紀にはいってからのようです。

日本最古の百科事典、『和名抄』に、〈内衣　和名、由加太比良《ユカタビラ》〉と〈澡浴具〉の部にみえ、入浴関連に分類しての紹介です。十七世紀はじめの『日葡辞書』には、〈Yucatabira, Yucata ユカタビラ、ユカタ　後者は省略形。湯で体を洗う者が、自分の体をふくための帷子〉と説明されています。このように〈湯帷子〉が本源です。帷子《カタビラ》は本来、麻の単衣《ひとえ》（袷《あわせ》の片方＝カタビラ）のことですが、江戸初期から夏用の簡易な着物全般をさすようになりました。そのうちで湯上がりに用いるのが、湯帷子《ユカタビラ》＝ユカタというわけです。一方で、今日よくみかけるような、はでな柄模様のユカタが登場したのは元禄前後からのようです。西鶴、『好色一代男五』に、〈女郎は浴衣染《ゆかたぞめ》の帷《かた》子《びら》〉とみえ、はでな柄の浴衣は遊里を一淵源とするようです。

漢字表記は、右の〈内衣《ユカタビラ》〉が仏典由来、ほかに、〈明衣《ユカタビラ》　郷党篇ニ在リ、程子曰ク、明衣ハ其体ヲ明潔ニスル所以ニエテ布ヲ以テ之ヲ為ル也〉（『雑字類書』）、〈明衣《ユカタビラ》の仕立て、纔か百騎ばかりにて……御参陣〉（『信長公記』）のようにみえる〈明衣《ユカタビラ》〉はシナ古典に借りたものです。やや時代が下って、〈明衣《ゆかたびら》、浴衣《ゆかたびら》、内衣《ゆかたびら》〉（『落葉集』）と、和製の〈浴衣〉が仲間にはいります。

江戸初期、西鶴には、〈揃浴衣《そろへゆかた》・召替《めしかへ》の浴衣《ゆかた》〉（『好色一代男』）、〈明衣ひとつにつらやの姿〉（『好色一代女』）と〈浴衣《ゆかた》・明衣《ゆかた》〉の両表記がみえ、先に紹介のとおり〈帷子《かたびら》〉ともみえるわけです。

しかし江戸中期の国語辞書には、〈浴衣《ユカタ》　ユアミコロモ〉とのみあって、江戸川柳も〈浴衣着たままで熱海の素人網〉、さらに明治期に入って、〈浴後は浴衣《ゆかた》に団扇《うちわ》〉（福沢諭吉『学問のすすめ』）と、時代ともに〈浴衣〉の存在感が増します。しかし一方では、〈裕衣《ゆかた》を重ねし唐桟の着物〉（樋口一葉『たけくらべ』）と〈裕〉の字を用いる例や、文豪鷗外のように〈娘達と同じような湯帷子《ユカタ》を着た……〉と由緒正しい表記を選ぶ例もみえます。

なお最後に〈衣〉関連で蛇足を加えておきますと、現代中国で〈孝衣《シャオイイ》〉は喪服、〈寿衣《ショウイイ》〉といえば死装束のことです。

105 遊端

ユダン
yudan

十六世紀の国語辞書『伊京集』に、〈弓断《ユダン》武士 遊端《ユダン》公家 油断《ユダン》僧侶〉と、身分による漢字の書き分け・使い分けの実態があったことをうかがわせる、印象的な註記がみえます。さすがに武士は弓、公家は遊、僧は油と、日本人ならではの書き分けです。時代が下っても〈油断《ゆだん》を○よだん○学問《がくもん》の時は油《あぶら》の字《じ》をかく。武芸《ぶげい》の不嗜《ふたしなみ》なるには弓断《ゆだん》と書《かく》と云り〉（『嘉多言』、十七世紀成）、〈油断《ユダン》僧侶 弓断 同 北越軍談〉（『和漢音釈書言字考節用集』、十八世紀半ば）など、とりわけ〈油断／弓断〉については使い分けが継続された様子を確認することができます。

とはいえ、江戸後期の国語辞書には〈油断〉のみがみえ、江戸川柳に〈油断すな靨《えくぼ》は人の落し穴／油断大敵此晦日どうしやう〉、さらに明治期にはいって、〈油断も隙もありやしない〉（二葉亭四迷『浮雲』と、やはりこの〈油断〉が現代に流れている一般的用字です。

〈油断〉の語はおそらく、仏典の『涅槃経《ねはん》』に、〈王、一臣ニ勅シテ一油鉢〔油の入れ物〕ヲ持チテ（中略）若《モ》シ一滴ニシテ棄《ステ》バ当ニ汝ガ命ヲ断ツベシ〉とある点などから日本人が創作、その後、右のように用字に異形が生じたのでしょう。ほかに〈どろぼに由断はならぬて〉（『浮世風呂二上』）と、〈由断〉の表記も用いられたようです（これは明治期、樋口一葉の作品にもみえます）。

語源についてはまた、『万葉集』にみえる〈ゆたに〉（豊か、ゆったりの意）から、ユタニ yutani → yutan → yudan と変化して〈油断〉となったとする説もおこなわれていますが、やや無理があり、決定的語源解はありません。

106 湯湯婆 ユタンポ yutanpo

〈湯湯婆〉の〈湯〉は正式にはひとつ余分で、〈湯婆《タンポ》〉の日本人的解釈による用字です。鎌倉時代、江戸初期の国語辞書にはいずれも、〈湯婆《タンポ》〉とみえ、物と一緒にシナから伝えられた語でした。〈火燵《コタツ》（炬燵）・行灯《アンドン》・脚踏《キャタツ》〉、また〈暖簾《ノレン》〉などと同類の語というわけです。

しかしやがて、〈湯《ユ》〉を入れるというこの器具の特徴が耳で聞いてもわかるようにと、〈湯婆《タンポ》〉の前に湯《ユ》を付して〈ユタンポ〉とよび、また〈湯湯婆《ユタンポ》〉と書くようになりました。したがって〈ユタンポ〉という語は、（〈餡パン〉が日本語とポルトガル語の合作であるのと同じように）日本語とシナ語の合作、ということになります。今のように電気毛布などはないむかし、寝床で暖をとるための容器で、はじめは陶製、やがて金属製となりました。呼称にはほかに、〈脚婆、湯媼、温湯銅〉（『俚言集覧』）などもみえます。ただし一般化は明治時代以降でしょう。

シナ語の〈湯《タン》〉は本来、スープの類を意味し、今でも中華そばの一種に〈湯麺《タンメン》〉があるとおりです。一方、〈湯《ユ》〉は日本独自の語で、〈齋庭《ユニハ》。雪《ユキ》・湯沐《ユアミ》〉などと同じく、もともとは清潔、身をきよめるものという意味をもち、神事にかかわることばだと思われます。ちなみに〈湯《ユ》〉は現代中国語では〈開水《カイシュイ》〉といいます。〈開〉は沸騰スルの意です。

なおユタンポと同じころ、やはりシナから恵まれたものにもう一つ、〈虎子《マル》〉（現代中国語、便盆《ビアンペン》）があります。『浮世風呂』にも〈立居もひとりで出来ねへから尿屎《しゝばゝ》もおまるでとる〉とみえ、鎌倉時代からながく愛用されています。

107 努々 ユメユメ yumeyume

愛用の『国語新辞典』（研究社）を一見しますと、〈ゆめゆめ　努《ユメ》を強めた語。決して決して〉とみえ、現代でも〈努々油断するなかれ〉などと、後に必ず打消のことばが来ます。

さかのぼって中世の国語辞書『運歩色葉集』から江戸時代後期の『早引節用集』までたどってみると、一貫してこの〈努々《ユメユメ》〉の漢字表記であることがわかります。〈努〉の漢字は〈力《ツトメル》〉の意（〈奴〉は音を示すのみ）ですから、つとめてつとめて（決して決して）、とこの字の本来の意味に照らして宛てたものでしょう。ほかに〈謹《ユメ》〉などと用いることもあったようです。

語源的には、〈ユメ〉のメは目と思われ、気を配る、気をつけるといった含みのあることばといわれています。『万葉集 二十』に〈紐解くなゆめ〉、『源氏物語』に〈ゆめ……そねむ心つかひ給ふな〉と、下にも上にも置いて注意を喚起し、『落窪物語』には、〈ゆめゆめ憎み給ふな〉と重ねた語形でみえます。古代から現代まで、打消のことばと一緒に用いられますが、〈女房はゆめゆめ仏を念じ奉り〉（『今昔物語集』）のような例外もあり、必死になってつとめるさまをいうようです。

明治期、黒岩涙香『鉄仮面』に、〈努々《ゆめゆめ》疑ふ事なかれ〉、森鷗外『舞姫』に〈我をば努《ゆめ》な棄て玉ひそ〉、さらに昭和期に入って、宇野千代『おはん』に、〈ゆめゆめございませぬは、お大師さまも御照覧でござります〉と、主として文語調の文脈が中心ながら、現代まで命脈を保っています。

108

胡臭

ワキガ
wakiga

ふるく〈胡床・呉床〉と書いてアグラと読み（足座《アグラ》でしょう）、足のある高い椅子《イス》風のものでした(『古事記』)。それから転じて、人が正座ではなく足を組んですわるのを〈胡座・胡床〉と書き、アグラにあてるようになったのです。〈胡〉は、〈胡臭〉でワキガ、〈胡瓜《コカ》〉でキュウリ、さらに〈胡麻《ゴマ》・胡椒《コショウ》・胡桃《クルミ》〉など、シナの人からみて文化の低い異民族をさす文字です。ことにシナ北方の民族、蒙古人など、胡人の一つです(〈胡〉自体は、獣のあごの下の肉をいいます)。

〈胡《コ》〉は漢音、のちに唐音のウとも発音して、胡散《ウサン》臭いとか、胡乱《ウロン》な奴(=怪しい者)などとも用います。行灯《アンドン》(燈)、行火《アンカ》、普請《フシン》などと読むのと同じで」す。シナ語でも比較的新しいわけです。こうした語は鎌倉時代、十四、五世紀に、シナからはいってきた語音のことばです。

　ワキガについては、『和名抄』に〈胡臭　和名、和岐久曾《ワキクソ》〉とみえ、〈葱豉之気、狐狸之気ノ如シ〉と解説しています。ネギ、ナットウ、キツネ、タヌキのごとくにクサイニオイをずばりワキクソと手厳しい命名です。さらに江戸中期の『和漢音釈書言字考節用集』には、〈胡臭　又云フ狐臭「病源論」ニ出ヅ〉と〈狐臭〉がみえます。これは『早引節用集』の類にも〈狐臭《ワキガ》　コシフ〉、洒落本、『蕩《とう》子筌枉解《しせんおうかい》』(明和七年・一七七〇)や『東海道四谷怪談』(文政八年・一八二五)にも〈狐臭《わきが》〉とあります。いかにも戯作者好みという感じがありますが、シナからの借用で、現代中国語も同じく〈狐臭《フウチョウ》〉です。日本ではほかに、ふつうに腋の字を使って〈腋臭〉とも書きますが、これは明治以降の用字でしょう。

第II部

《宛字》概説——歴史の眼を加えて

○本稿は、拙編著『あて字用例辞典』（雄山閣、平成六年）所収の「《あて字》概説」に、新たに筆を加えたものです。

❖日本語と宛字

本書ではタイトルの『宛字百景』をはじめ、通俗的に〈宛字〉（当て字／あて字）の呼称を用いましたが、従来、〈宛字〉の概念が明確ではなく、本書の編集方針ともふかくかかわるので、はじめに宛字の概念規定を示しておきたいと思います。

従来、〈宛字〉とは、シナの文字、漢字を日本語、さらに厳密にはシナ語以外の国語にあてた場合をいうわけで、漢字が本《もと》で日本語が従という考えです（字は語と同じように用います）。したがって、日本語のヤマに漢字の〈山《サン》〉をあてる場合も、宛字のはずです。しかし、これは一般に宛字とはいいません。あえていえば、広義の宛字と分類できるものでしょう。では宛字としないのは何故かといえば、（発生時に）日本語のヤマに〈山《サン》〉を借用しましたが、それが日本語を表記する記号として、いわば日本漢字として形・音・義ともに、定着した——借用から転じて、日本人自身の言語体系の一つにきちんと組入れられた——からです。俗に山の定訓はヤマというように、日本の文字として、〈山《やま》〉が誕生したといってもよいでしょう。——ただし、言語学的には、定訓も相対的と心得ておきたいと思います。しかし、もし〈山女〉と書いてヤマオンナ・サンメなどと読まずに、アケビと読んだ場合、いわば、アケビの宛字であり、宛読みであり、古くは、義訓・義読の術語を用いた用字法です。山＝ヤマ＝の文字体系、用法を正則的なものとしてこれと比較すれば、変則的な用法となるでしょう。したがって、〈山女《あけび》〉は宛字といって区別するわけです。〈紫陽花《あじさい》〉なども同様で、シナの〈紫陽花《シヨウカ》〉を日本語のアジサイにあてたという意味ではこれも宛字です。現代、熟字訓とよんでいるのはこの類です（後述参照）。

さて日本人はたとえば、山にサンとヤマの二つの読み方を与えました。これを音・訓といいますが、まとめると一つの語音もしくはヨミです。その結果として、宛字も複雑な構造をとることとなったのです。これは日本人がはじめて、漢字で日本語を表記するうえに、いかにさまざまな方式を工夫したかとふかくかかわります。この工夫は古代、『古事記《ふることぶみ》』を書いた太安万侶の序文に明確にみえます。後に実例をあげますが、鎌倉〜江戸時代の学者がかなり体系的に考察したように、日本人は古代より想像以上に宛字の世界を創造しています。日本語に漢字をあてるのみでなく、新しく日本語をシナ語の体系を離れて、漢字で創作する試みもおこなっています。現代語でも〈手紙《てがみ》〉は letters, letter paper の意で、日本語ですが、〈手紙《シュウジ》〉はトイレットペーパーのことで、現代中国語です。したがって、一見、漢字で書いてあっても、シナ語・日本語を区別して考えねばならないのです。これは宛字とは別の立場で論じるべきでしょうが、ともに漢字を用いているという意味では、十分に注意深く考えねばなりません。したがって、シナ製の漢字・漢語と区別して、私は日本の漢字を〈真字《マナ》〉とよび、語としては、〈漢字語〉（明治期に和漢語とも）とよんで区別したいと思います。従来、このへんを峻別していないのでやや混乱があります。宛字を考えるうえでこう規定しておきます。

以上、従来のようにシナの漢字を本《もと》として、日本の文字を考えるという根本を改めて、真に日本人が、日本語を基本として、漢字や漢語を、真字や漢字語として、いわば日本の文字体系を確立して、自由に用いたという考えを前面に出して論ずべきです。したがって本書では便宜上、〈宛字〉の用語を用いましたが、〈宛字〉の呼称は好ましくないのみでなく、日本の真字・漢字語の独立を認識しない考えが底流していることになる点、注意が必要です。いわゆる〈宛字〉をわかりやすく、図式的に示せば次頁の下図のようになります。

*

さらに二、三検討しておきたいと思います。すなわち漢字はシナの文字、厳密にいえば、シナの人の立場で用いる記号体系を総称します。したがって通俗的、原則的には、日本で、〈天《テン》・魚《ギョ》・国《コク》・歩《ホ》・花《カ》〉など、音——シナの人の発音に基づく——で用いる場合はおよそ漢字であり、日本人は借用です。しかし〈天下《あめのした》〉など、日本語のために漢字を借用した場合は、日本人の立場で用いた記号の体系ですから、真字・漢字語とよんで、シナの漢字・漢語とは区別します。形のみは漢字・真字は同形ですから、時に重複する点もあります（これは研究的に厳密に定義すべき点があるので、ここでは割愛します）。したがって、〈魚がおよぐ〉の〈魚〉はウオかサカナであって、ギョでは存在しません。〈国《コク》〉などもそうですが、漢字・漢語では原則的に主格や目的格など、日本語文中での資格を与えられません。漢字は音で熟語という形式

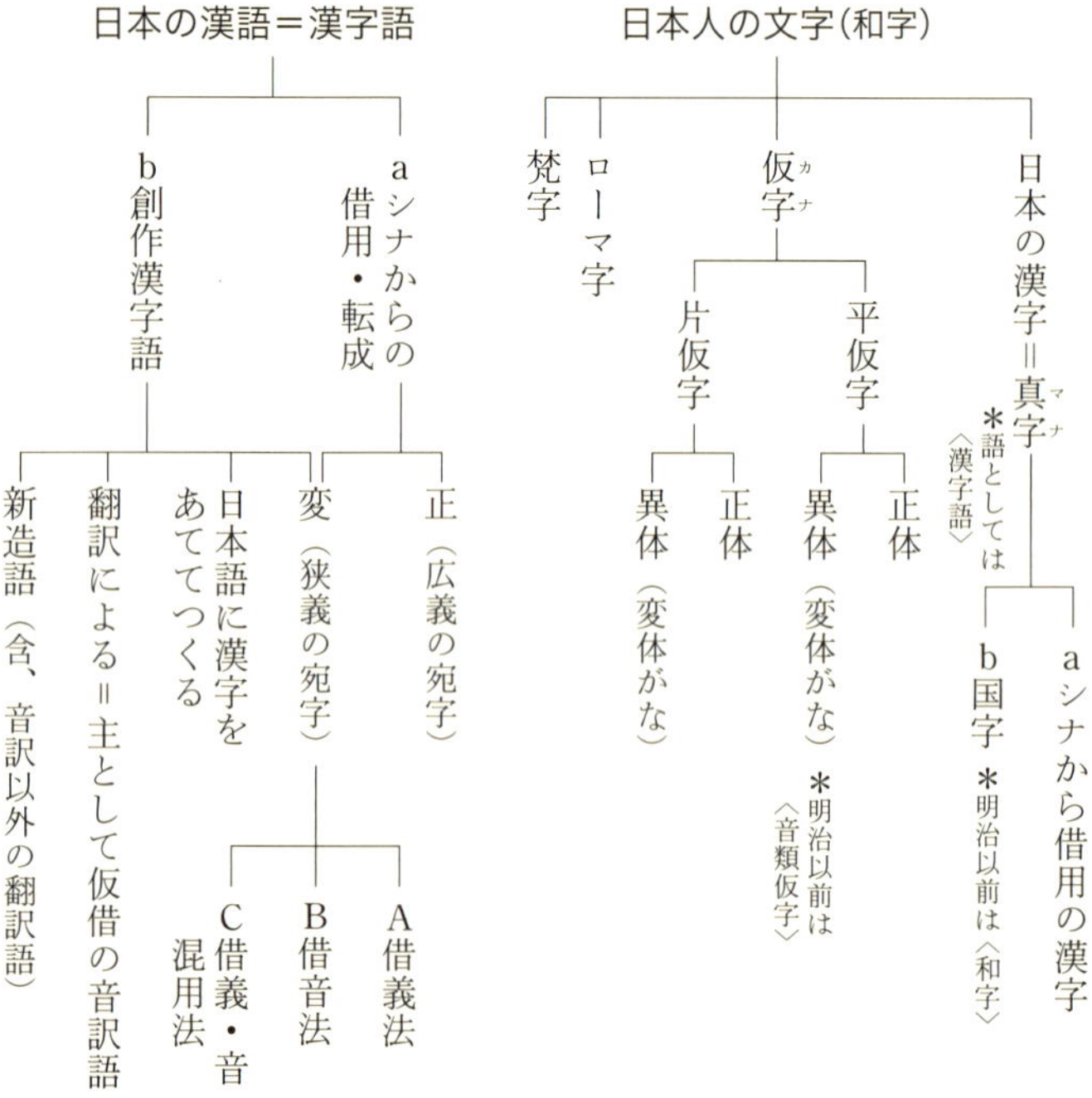

の場合に、日本語の資格が与えられやすいのです。また、〈改札口《カイサツグチ》・惜敗《セキハイ》〉のように、一見、漢字・漢語ですが、日本製である点、漢字語とすべき例もあります。音で用いるか否かでのみ、〈漢語〉と〈漢字語〉とを区別することはできません。

つぎに字形と用法についてすこしく考えておきましょう。ちょうど、漢字をシナで、〈正体・通体・俗体〉――たとえば、〈乾・乹・乹〉など――と分けたように、真字もそれによる漢字語も、(a)公的機関などの書類で用いる標準的正式な場合と、そうではない(b)通俗的な場合とに二大別できます。前者は公用で後者は俗用とよぶこともできます。ただし前者は、書籍に基盤をおいた書物語であるのに反し、後者のほうは口頭語ないし日常的な生活語として、生きた日本語を真字で表記した漢字語です。正《セイ》に対する変《ヘン》と分類してもよいでしょう。しかし決して異端としてしりぞけるべきではありません。この点、宛字は過去において、〈世話字〉などともよんで、生活の中の漢字語として活用されたことを確認しておきたいと思います。

むしろ宛字文化と称してもいいように、日本語の文化を創造し支えて進展させたのは、この変則的、俗的な〈世話字〉なのです。もっとも公的とはいえ、姓、〈小鳥遊《たかなし》＝鷹無＝高梨／月見里《やまなし》＝山無＝山梨〉など、ことば遊びのような例もあります。これらの姓は役所に登録されているわけですが、私的なものの認容された例として考えておくべきでしょう。いずれにせよ、宛字は〈漢字〉の本質的な表意の機能が語を示すうえに有効だからですし、その点を考慮して、日本人がその造語能力を発揮したゆえであります。

さてこの俗的と分類されるところが、従来、そして本書の書名とした〈宛字〉とほぼ同一内容をもつ語群です。しかしさらに細かくみていきますと、同じ俗的・変則というにはいささか異なる用法がみられます。さらに下位区分を考えるべきです。すなわち、クラゲを〈久羅下《クラゲ》〉と表記する場合と、〈海月《クラゲ》（水母）〉と表記する場合の二種です。ともに日本語のクラゲに対応する漢字の表記です。しかし宛字といえば、主として後者をさすわけです。前者（やがて仮字《カナ》表記となります）と後者はかなり異なります。そこで、前者を俗用B、後者を俗用Aとしましょう。

俗用Bはシナの人が固有名詞を、〈紐育《ニューヨーク》・伯林《ベルリン》〉、また〈旦那《ダンナ》〉などと用いた点にもみられます（いずれもシナの人にとっては外来語）。日本でもこの方式を借用していますが、古くシナの学者が、〈仮借《カシャ》〉とよんだジャンルです。別に〈音訳〉ともよべますが、外国語を表記するときの方式です。原則として、個々の漢字の意味を切り捨てて、音のみを利用するわけで、ちょうど英語・フランス語などの外来語を日本で片仮字で表記するのと同じです。したがって日本では俗用Bはごく限定されたところに残っている、といってよいでしょう（古代、『万葉集』などでは盛んでした）。ただし現代の日本では、〈お芽出《めで》とう〉・〈倶楽部《クラブ》〉などと書くことを考えますと、単なる借字でも音訳でもない、という場合も少なくありません。たとえば後者において、倶楽部は英語club《クラブ》の意味（総体的なもの）と、一字一字の〈真字〉がふかくかかわっています（倶は皆トトモニ、楽はタノシム、部は仲間の義をもちます）。真字の音のみでなく、意味内容も勘案している借字法です。

おそらく宛字の一つの生命は、日本語の意味、内容が関連してくる場合であって、これはいうまでもなく、日本人が日本語の体系にのっとって、真字を用いるからです。
俗用Aは日本語、クラゲに、シナ語、〈海月〉をあてて用い、表記した場合、カイゲツでもウミヅキでもなく用いたのですから、まったくシナ語の音は切り捨てた用法です。したがって、〈漢字〉のまま読み手の立場からは、日本語として声に出して読めない場合がでてくるわけです。表記のレベルではなく、語のレベルとして、いわば借義法とでもいうべきジャンルです。漢語、〈海《カイ》月《ゲツ》〉から漢字語、〈海月《くらげ》〉に転成したということができます。これらの類は一般に熟字訓といい、他に、〈梅雨《つゆ》・五月雨《さみだれ》・雪洞《ぼんぼり》・流石《さすが》〉などがあります。

しかし熟字訓と同類に、〈太田道灌《にはかあめ》〉の例があります。〈俄雨《にはかあめ》〉の正則に対しては、右のA分類にはいりますが、ほかに、A類の〈白雨《ゆうだち》・暴雨《にわかあめ》〉などと比しても、変則中の変則です。したがってA類もさらに下位区別して、故事や典拠のあるストーリーを背景にもつものがあるわけで、仮に解釈訓とでもよんでおきます。この類は〈王余魚《かれい》〉など古代シナ渡りの用語も同類です。しかし現代語ではほとんど姿を消したと思われます。

このA類は読み手の立場からいえば、オランダの日本語学者がのべているように、不規則語音《イレギュラーリーディング》語です（ふるく日本人も、義訓・義読などとよんで分類しています）。外国人にとっては、音も訓も一つの語音と考えられますから、シナの場合と異なって、日本では基本的に一字対二種以上の語音をもつわけで、分類Aはいっそう多様性がでてくるわけです。もっとも、変則とか、不規則ということばで用語の規定をするのは、日本語の本質を考える場合、正しくないといえます。日本の漢字、すなわち〈真字〉と、右で分類したAはごく自然にみられる日本語の文字体系であり表記体系といえるでしょう。これを研究の対象として正面にすえていない国語学や、さらに国語辞典こそ、一大欠陥といわねばなりません。いわば真に、シナの〈漢字〉を離れて、日本独自の〈真字〉による日本語の世界をつくりあげたのです。そこで古代より具体例をすこしく考えてみましょう。

❖宛字の創造と分類――古代の一大実験

古代、『万葉集』にみえるつぎの和歌、五首の例から検討します。

a　十月《かむなづき》しぐれの雨にぬれつつか君之行疑宿可借疑

b　東《ひむがし》の野に炎《かぎろひ》の立つ見えて反りみすれば月西渡

c　念ひつつ座《をれ》ば苦しも夜干玉《ぬばたま》の夜にしなれば吾社《われこそ》湯亀

d　外に見し真弓の岡も君生《ま》せば常《とこ》つ御門《みかど》と侍居《とのゐ》する鴨

e　言云者《ことにいへば》三《み》三《み》二《に》田《た》八《や》酢《す》四《し》小九毛《すくなくも》心中《こころのうち》二我念《にわがおも》羽《は》奈《な》九《く》二《に》

aの傍線、〈疑〉の音はギ、訓はウタガフ、そこで語、ラムにあてた用字法です。〈君の行くラム、宿か借《か》るラム〉と読みます。bも月が西に渡る→日没に近づくという意味を示すところから、〈月カタブキヌ〉と読みます。a、bともに音も訓も切り捨てて、意味を借用している例、上の借義法に属します。cは音ではトウとキ、訓でユ・カメ＝行かめ（動詞行ク＋助動詞ム）です。これは、湯・亀の意味内容にも音にも無関係で、語音の二種のうちの訓ヨミのユ・カメ＝行《ユ》カメ（動詞＋助動詞）にあてたわけです。dの〈鴨〉も、〈～するカモ〉（助詞、カモ）にあてています。鳥類の鴨《かも》とはまったく無関係です。同じく、〈絶塔〉などはゼットウではなく、タユトウ（ゆらゆらゆれる）と読みます（いわゆる湯桶読み）。eも註解は不要でしょう。数字を中心にした真字の典型的用法で、シナの人には不明でしょう。いずれも上でのべたB類に属しますが、ただし、このc・d・eの宛字は後世には、ごく特定の場合、たとえば固有名詞にしか受けつがれません（ほぼ絶滅します）。したがって原則的に宛字は、借義法がもっとも日本語、真字の正当な用法として、大勢をしめることになります。〈未通女《おと（め）》・恋水《なみだ》・寒《ふゆ》・金風《あき（かぜ）》・光儀《すがた》〉など、『万葉集』にみえるところです。まことに古代から日本人の漢字、すなわち、〈真字〉の世界は豪華絢爛であり、多種多彩、万華鏡のように多様です。つぎに古代の宛字例を、『万葉集』からすこしく補塡しておきます。

㋐霊《あやし》　年魚《あゆ》　求食《あさる》　馬酔木《あしび》　丸雪《あられ》　東風《あゆのかぜ》　数多《あまた》　飛鳥《あすか》　㋑重石《いかり》　何時《いつ》　寿《いのち》　㋔父母《おや》　天皇《おほきみ》

㋕水手《かこ》　疑意《かも》　春日《かすが》　㋖昨日《きのふ》　向南《きた》　白気《きり》　㋗八十一《くく》（＝繰）　鞍四通《くらしつ》（暮しつ）　㋘今日《けふ》　火気《けぶり》

㋙神《こころ》　情《こころ》　東風《こち》　言語《こととひ》

㋚笑《さく》（咲）　福《さきはひ》　小竹《ささ》　小石《さざれ》　耳言《ささめき》　五月蠅《さばへ》　楽浪《さざなみ》　㋛片時《しばし》　真珠《しらたま》　十二月《しはす》　寒水《しみず》　水長鳥《しながどり》

㋜下《すそ》　多集《すだく》　為形《すがた》

㋟狂言《たはこと》　手弱女《たわやめ》　幼婦〃　手祭《たむけ》　供養〃　手次《たすき》　㋡海石榴《つばき》　鳥翔《つばさ》　㋢羲之《てし》　大王〃　㋣二五《とを》　左右《ともかく》

㋤産業《なり》　響《なる》　霜雨《ながめ》　雷神《なるかみ》　味試《なむ》　夏借《なつかし》（名著）　㋦少熱《ぬる》　㋧合歓《ねぶ》

㋩芽《はぎ》　神主《はふり》　長谷《はつせ》　黄土《はに》　二十物《はたもの》　㋪領布《ひれ》　牽牛《ひこぼし》　男星《ひこぼし》　全夜《ひとよ》　㋭髣髴《ほのか》　最末枝《ほづえ》　五百《ほ》

㋮至《まで》　随《ままに》　白《まをせ》　迷惑《まどふ》　細砂《まなご》　丈夫《ますらを》　益荒夫〃　随意《まにまに》　任意〃　左右《まで》　～猿《まし》　㋯朝廷《みかど》　神酒《みわ》　六分《みくまり》

角髪《みづら》　風流《みやび》　遊士《みやびを》　小児《みどりご》　㋱海藻《め》　御食《めし》　㋲望《もち》　黄葉《もみぢ》　赤葉〃　伯労鳥《もず》　武士《もののふ》　三五月《もちづき》

㋳和《やまと》　大和〃　倭〃　日本〃　山齊《やど》（自宅）　㋴木綿《ゆふ》　夕星《ゆふづつ》　㋵数《よみ》　昨夜《よべ》　黄泉《よみ》　結婚《よばひ》　不通《よどむ》　俗中《よのなか》

東細布《よこくも》

㋶（夏来《なつきにけ》）良之《らし》　㋷（黄葉《もみぢ》かざぜ）理《り》　㋸（思は）流留《るる》　㋹（いづ）礼《れ》（の日）　㋺（吾《あ》が手をつけ）呂《ろ》

＊自立語としてラ行の例は皆無に近い。

㋻朕《わが》　海《わた》　速稲《わせ》　小童《わらは》　㋼居中《ゐなか》　㋽咲《ゑみ》（笑）　㋾小《を》　士《をのこ》　未通女《をとめ》　女〃　娘〃　処女〃　越女〃
壮士《をとこ》　丁子〃　女郎花《をみなへし》　美妾〃　姫押〃　雄《をのこ》　男為鳥《をしどり》

以上、古代の用例に沿って変則的なるものの構造を考えてみましたが、広義の宛字と狭義のあて字に分け、前者は真字の正則（規則的）用法として、宛字の言い方は無用です。後者は、真字のもつ語音（音・訓）・義（意味）のうち、後者を切り捨てた借音法と、前者を切り捨てた借義法があります。書き手（与え手）と読み手（受け手）の立場でいえば、それぞれの言語体験が深くかかわってきて、語・コトバが両者で大きなクレバスをもつ場合も少なくありません。これは時代という時間的経過をもつことで――各時代のいわば共時的言語体系、記号体系への理解を必要とします――いっそう大きなクレバス、ズレを生ずることとなります。読めなくなるわけです。表意文字といわれる漢字、真字の内包するところにも要因があります。本質論としては、漢字と真字とをそれぞれよく分析し、理解したうえで、記号として、語を検討、考察すべきでしょう。以下、変則的なものは、借字法と総称し、図表化しておくと次ページのとおりです。

- 真字用法（日本漢字）
  - 正則的用法（公的・晴・雅）　＊これも二種に分かれる
  - 変則的用法＝借字法（私的・け・俗）
    - A借義法
    - B借音法（語音として音・訓の二種）
    - C借義・借音混用法

借字法	真字の変則的用法		
A借義法	語形が〈漢字〉と一致する	正則と混用	語形は日本独自
	Ⅰ 疑＝らむ／私＝ささやく 海月・水母＝くらげ／丈＝だけ 浮雲＝あぶなし／処女＝をとめ 白雨＝ゆふだち 墨汁・洋墨＝インク・インキ／洋琴＝ピアノ	金風＝あきかぜ／三五月＝もちづき	Ⅱ 太田道灌＝にはかあめ／王余魚＝かれひ （月）西渡＝かたぶきぬ／恋水＝なみだ 未通女＝をとめ／歯枝＝ようじ ＊〈解釈訓〉ということもできる
B借音法 ＊音は便宜的には音・訓に分けられる	音（仮借の一種）	音訓混用	訓
	Ⅰ　一字一音 久羅下＝くらげ／瓦斯＝ガス／孤悲＝こい（恋） Ⅱ　一字数音 阿良多麻＝新玉／万代＝まで 奈端＝ニュートン／紐育＝ニューヨーク／養歯＝ようじ	絶塔＝たゆとふ	Ⅰ　一字一訓 目出多し／三三＝みみ（耳）／田八酢（四）＝たやすし Ⅱ　一字多訓 ～鴨（かも）／～猿（まし） Ⅲ　Ⅰ・Ⅱの混用 湯亀＝ゆかめ（行かめ）

備考　＊A借義法、B借音法の混用として、C借義・借音混用法が設定できる。たとえば〈剣橋〉など。なお時代的用法については無視した。

図表のように、変則的なるもの、すなわち借字法を、A・Bに二区分し、B借音法には現代語、〈態々《わざわざ》、床《ゆか》しい、宣敷《よろしく》、益々《ますます》、増々《ますます》、～丈《だけ》、甲斐々々《かいがい》しい、矢張《やっぱり》、呉呉《くれぐれ》、筈《はず》、～の積《つも》り、仕舞屋《しもうた(や)》、八百屋《やお(や)》、鳥渡《ちょっと》、味噌《みそ》、歌舞伎《かぶき》、名残《なごり》、世話《せわ》、無駄《むだ》、天晴《あっぱれ》、歌留多《かるた》、家来《(け)らい》〉などが考えられます。
しかし、変則的なものの大勢は、A借義法に属します。

❖宛字文化の展開――中古・中世の漢字語

日本最古の百科事典『和名抄』（十世紀成立）に、海の動物、アシカに〈葦鹿〉をあてることを示し、〈海驢〉の正則に対して、変則なるものという意識も示しています。先に引用した『万葉集』の例にあるとおり、古代から宛字の意識（シナ語への理解度にもよる）があったようです。『万葉集』でイブセクモアルカ（憂鬱《イブセキ》ことかな）を、〈馬声《イ》蜂音《ブ》石花《セ》蜘《ク》蟵《モ》荒《アル》鹿《カ》〉と表記するなど、まじめな日本語表記を逸れたことば遊びの技（戯書）を示す例さえみられますが、これも日本人としてはごく当然の造語術です。

中古の時代にはいると、古代と異なり、日本人は真字をよりいっそう日本語のために駆使しました。とりわけ、知識階級である公卿は、その日記を、いわゆる擬漢文（和習）で記録し、〈漢字・漢語〉にとらわれない独自の漢字語・漢字文を創作もしました。鎌倉・室町時代とこの伝統はつづくわけです。はやく〈榊《さかき》・娘《をとめ》〉などの和字を創作しましたが、必ずしも例は多くなく、一方でそれに比すべくもないほど、豊かな漢字語を創造しています。〈如在《ジョサイ》・浅猿《アサマシ》・糸惜《イトオシ》・良久《ヤヤヒサシク》・角力《スマヒス》・烏帽子《エボシ》・日来《ヒゴロ》・蚊触《カブレ》〉など、その一端です。さらに独特な漢字語がみられます。（　）内に対応する現代語を示しておきます。

引汲《インギュウ》（贔屓）　不艶《エナラズ》　早晩《イツモ》　御私《オンワタクシ》（内証・侍者）　格護《カクゴ》（所持）　各出《カクシュツ》（割勘）　家景《カケイ》（領地）　興《キョウ》言《ゲン》（発言）　突鼻《トツビ》（勘当）　風与《フト》（与風・不図）　有若亡《ユウジャクボウ》（有名無実）　口能《クノウ》（説明）　骨張《コッチョウ》（主張）　計会《ケイガイ》（取込む・困却）　見来《ゲンライ》（出現）　宰予《サイヨ》（昼寝）　出物《シュツブツ》（でしゃばり）　順逆《ジュンギャク》（どっちみち）　正表《ショウヒョウ》（辞退）　青女《セイジョ》（侍女）　逐電《チクデン》（逃亡）

いずれも日本語を真字により漢字語で巧みに表記している点、意味と音とを借用した新しい宛字の一種といってもよいでしょう。漢文体とよくバランスのとれた珍種が出現しています（当時としてはごく普通の用語）。日本語との関連で、右のような漢字語の成立方式を語るとなると、それぞれ、工夫されて創作されているので、数えあげれば優に一巻の書を必要とします。

さらに、和漢混淆文の典型である『今昔物語集』（十二世紀成立）には、つぎのような例語がみられます。順不同であげてみます。

御《オハシマ》ス　瀼《キタナ》ク　吟《ニヨ》ブ　忝《タヤス》ク　辷《マロバ》シ　辞《スマヒ》テ　器量《イカメシク》　裕衣《タフサギ》　維香《スミカギ》テ　懿《オモシロ》ク　佛《サト》ル　否戦《エスマヒ》テ　和《ウ》歌読《タヨミ》　接《イダ》キ　裁《コトハ》リ　拈《シタヽ》メ　髴《ホノカ》ニ　攅《クチバシ》リ　愕《オビタヽシ》ク　冷気《スサマジゲ》　密男《ミソカヲトコ》　密《シノビ》ヤカニ　噯《ナグサ》メ　政《マツリゴチ》ケリ　髣《ホノカ》ニ　喤《ノヽシ》リ　白団《タマゴ》　故者《ユカリノモノ》　狼《ミダリ》ガハシク　誘《コシラヘ》テ　寧《ネムゴロ》ニ　護《タヽ》ヘ　媚《ウツクシ》キ　福《トマ》シ　微妙《メデタク》　絡々《クル〳〵》ト　泛々《クダ〳〵》シク　荘《カザ》リ　促《ツヽ》メ　陥《クボ》ム　疏《ツクロ》ヒ　急《キ》ト　辺《ワタリ》　終道《ミチスガラ》　取食《トリハミ》　泛《アダ》ナル女　端《タヽシ》ク　挳《タバカ》ル　新《サラ》ニ　捶《スク》　麺《フケリ》テ　期《カギリ》　無端《アヂキナク》　谷迫《タニアヒ》　圧《オソ》ヒ　繚《ワヅラ》ヒ　検《カンガヘ》テ　俸《オキテ》　嫌《イブカシ》ク　即《ヤガ》テ　和纔《サスガニ》　痢懸《ヒリカク》ル　長《オトナ》シキ人　極《コウ》ジ　翔《フルマヒ》　嬈《ナヤマサ》レ　交《マギレ》テ　栄《アガ》メ　将奉《ヰテマツリ》　銖火《カヽリビ》　小鴽《コアガリ》　何《イク》ラ　属《アツラヘ》　達《イタ》ル　娥《ウルハシ》ク　乱々《シタ〳〵》　蠢付《ムクツケ》　礼《ヰヤマ》ヒ　朝《ツトメ》テ　弊《ツタナ》シ　白地《アカラサマ》　立約《タチモドホリ》テ　領《シ》リ　逶《ツド》ヒ　澆《アハ》テ　聞《カグ》　蕩《トケ》テ　指南《シルベ》　掲《イチ》　焉《ジルク》　帽額《モカウ》　駈《ツカハ》ル　喬《ソバ》　𠈓《ツレナシ》　密《キビシ》ク　汰《ソロヘ》　妻夫《メヲト》　生土《ウブスナ》　販婦《ヒサメ》

右は公卿の日記の場合と異なって、いわゆる字音語より字訓語が多く、いわゆるルビなしではよむことは困難です。もう一例、十三世紀に成立の『海道記』には、つぎの語群をみます。

鶴夜《カキクモ》ル　複《カサナレ》ハ　藝《ウヘ》　白《サヤケ》ク　露《アラハレ》　冲《ヒイリ》　好《カホヨキ》　吟《サマヨヒ》　任他《サモアラバアレ》　童《スルト》　外《ウト》ケレバ　佗士《(ワビ)ビト》　蝦蟇《ガマ》　最《イト》　昌《サカ》ヘ　余波《ナゴリ》　等閑《ナホザリ》　浅増《アサマシ》　年来《トシゴロ》　音響《コダマ》　難面《ツレナ》シ　泥《ナヅミ》　周章《アワテ》　雉鯉鮒《チリフ》（地名）　石利《イハカド》　杪《コヅヱ》　嫐《カマビス》シ　明蔭《ハレクモ》リ　音信《オトツレ》　誰枯《タソガレ》（黄昏）　斗《バカリ》　恋敷《シク》　里邑《サト》　村立《ムラダチ》　私語《サヽメキ》　有繫《サスガ》　計《バカリ》　存《イケル》　倩《ツラ〳〵》　弥《イヨ〳〵》　傷《イタマシイ》　演《ノベ》テ　哀《カナシミ》　否審《イブセク》　溺《タダヨヒ》　単《タダ》　適《たま〳〵》　線《イト》（糸）

またやや時代がくだりますが、『西源院本太平記』にも、つぎのような例語をみます。

小竹《ササ》　陰《クモ》リ　時雨《シグレ》　口説《クドキ》　草鞋《ワラクツ》　猿《サラ》デヤ　健《ツヨ》ク　何《イカン》　青侍《ナマ》　殿《ヲク》レ　艶《ニホイ》　由来《ユカリ》　卓散《タクサン》　花《アハレ》　北《ニグ》
浅猿《アサマシ》　師《イクサ》　強《シキリ》ニ　去来《イサ》　覚束《ヲホツカ》ナク　通夜《ヨモスガラ》　労《イタワリ》　昆《ヒタ》　算《カゾフ》レ　近来《コノゴロ》

いうまでもなく、『今昔物語集』と『海道記』の両者は重複、いわばよく用いられる常用語が多くみえます。時代の反映でもあります。そして中世の典型的辞書、「節用集」の類には、

卓散《タクサン》　白雨《ユフダチ》　劇《ハナハダ》　面皰《ニキビ》　天窓《アタマ》　数多《アマタ》　浮雲《アブナシ》　求食《アザル》　回島《アザル》　無端《アジキナシ》　白地《アカラサマ》　私《ヒソカ》　賊《ヌスム》　越度《ヲツド》　何《ヲシ》
不別《ナヘテ》　蚊触《カブレ》　凍雨《ユフダチ》　暴雨《〃》　白雨《〃》　弓断《ユダン》　油断《ユダン》　遊端《ユダン》　所帯《ショタイ》（領地）　五調《ガンデウ》（岩乗）　混空《ヒタフル》　大恋《〃》
平天《ヒタソラ》　浸空《ヒタソラ》

など。同語異表記まで、多種多様で、注目されるところです。わかりやすい例でいえば、タクサンも〈沢山〉より〈卓散〉が、一般的なのです。〈大恋〉にヒタフ（ブ）ルなど、中世武士のヒタブルな恋愛の姿まで想像できて痛快でしょう。古代の〈恋水《ナミダ》〉といい勝負です。〈浸空《ヒタソラ》〉はヒタスラの訛りと思われますが、当時の戦記物にはこの訛りのほうがみられますから、生きたコトバはこの語形のほうであり、相対的にとらえることを原則とすることばの学問からいえば、一方

的にナマリと廃することは誤りなのです。現代語の〈夕立(の雨)〉などと比して、右の〈白雨〉などのほうが、むしろ正統です(白雨は古典シナ語)。夏目漱石などもこれを用いている点、宛字の伝統はまた、尊重されるところでしょう。〈蚊触〉は藤原定家の日記、『明月記』にもみえ、のちに新井白石も、漆などにカブレル状態をさし、宛字ではなく、これが正則的な表記(漢字語)と考証しています。

鎌倉期の辞書『伊呂波字類抄』には、イエが、〈家イヘ 第 宅已上同/池イケ 陂 沼已上同〉などとあって、宛字は決して一つと限定されるものではありません。むしろ日本語とシナ語がぴたり一対一と対応するはずがないというのが当然ですから、複数の同語異字(異表記)があっていいわけです。いや同語ではなく、それぞれ同類語ですが、意味用法に異なるところのある点も指摘されています。たとえば、同じユダンも〈弓断〉は武士、〈油断〉は僧侶、〈遊端〉は公卿と、その使用言語を指示しています。「節用集」の類は一種の類義語辞典の役割も演じてもいるわけです。〈五調《ガンデウ》〉など、武士のことばとしてみえます(明治期の〈巌畳〉(森鷗外)にまで流伝します)。

寺子屋での教科書でもあった『庭訓往来』(十四世紀)に、〈先目出度覚候〉などがみえます。現代語の〈オ目出度ウ〉のルーツはここにあると考えてもよいでしょう。形容詞の活用語尾、〈宜《ヨロ》敷《シク》〉などの〈敷〉の表記も、この中世の往来物(手紙例文集)が一ルーツです。

中世の辞書類には、〈生海鼠《ナマコ》 蜈蚣《ムカデ》 土龍《ウゴロモチ》 海老《エビ》 海苔《ノリ》 椰子《ヤシ》 薯蕷《ヤマイモ》 白朮《オケラ》 早稲《ワセ》 山葵《ワサビ》 独《ウ》活《ド》 胡桃《クルミ》〉など、動植物名の多く——本源はシナ語、現代に受け継がれる——がみられます。この種の宛字が一般的に日本語に組込まれ、普及したのはこの中世と断じてよいと思います。

十五世紀後半の成立といわれる連歌師心敬の『私用抄』に、〈強面《ツレナシ》　任地《サモアラバアレ》　遮莫《サモアラバアレ》　声花《ハナヤカナル》　想像《ヲモイヤル》　襟《モノヲモイ》　劇《イソガハシキ》　怉《イソガハシキ》　早晩《イツカ》　近日《コノカタ》　近曾《サイツコロ》〉などがみえ、さらに、〈あて字敷〉と用語、〈あて字〉のみえることは注目したいところです（ただしすでに鎌倉時代の語源書『名語記《みょうごき》』にも、〈六借《ムツカシ》〉について〈あて字敷〉と註している例がみえます）。また江戸の学者、山岡浚明が、〈連歌通用字訓〉として、中世の連歌師たちが、いわゆる宛字、宛読み・和字（国字）の類の多くを創始したとのべています（新在家文字などとよびます）。ハニカミなどシナ製、日本製を問わず、適当な漢字・真字のないため、〈⿰女氣〉のように、和字を創作しています。その精神は宛字と同じです。中世に〈栬《もみじ》・峠《とうげ》〉など和字が多く創作されたのも、宛字の多くが創作された点と、表裏一体ともいえるのです。中世の言語文化の一象徴がここにあるといっても過言ではありません。

中世において、もっとも注目される宛字資料に、吉利支丹伴天連（主としてポルトガル人宣教師）により編集された辞書『落葉集』があります。そこでは、宛字の用語ではなく〈世話（字）〉とよんで、宛字に準ずるものが数多くまとめて登録されています。日本人と異なって、単なる宛字という認識ではなく、日本の漢字、日常よく用いる真字による日本語、すなわち漢字語という認識をもったと思います。公的文書などでの使用にはみえないかもしれませんが、世俗一般に生きて用いられている世話字、すなわち、シナの〈漢字〉と袂を分った〈日本漢字・漢字語〉の存在という認識をもち、布教に必須と考えたことを示しています。たとえばつぎのとおりです（いろは順です）。

田舎《いなか》　日没《いりあひ》　晩鐘《〃》　入逢《〃》　朝暮《いつも》　求食火《いさりび》　十六夜《いざよひ》　虎杖《いたどり》　江豕《いるか》　海鹿《〃》　浮雲《いさむ》　長今《いやめづらし》　天化《ばけもの》
将又《はたまた》　旅籠《はたご》　刷毛《はけ》　恥ヶ敷《はづかしく》　最花《はつお》　木瓜《ぼけ》　郭公《ほととぎす》　時鳥《ほととぎす》　寄生《ほや》　武羅《ほろ》　母衣《〃》　部屋《へや》　下手《へた》　舎《と》
人《ねり》　常葉《ときは》　木賊《とくさ》　野老《ところ》　黄精《〃》　鯨波《ときのこゑ》　左之右之《とにもかくにも》　当直《とのい》　東南《とざまからざま》　左右《〃》　計概《とかき》　忽滑《ぬめり》　宿者《をとな》
晩稲《をくて》　音信《をとづれ》　立鐘《をそろし》　烏借《をかし》　以為《をもはく》　甘水《をもゆ》　杜若《かきつばた》　辛子《からし》　王余魚《かれい》　首途《かどいで》　冬瓜《かもうり》　鶏冠木《かえでのき》　桑門《よすてびと》
外聞《よそぎき》　四極山《よもやま》　踏雪《よつじろ》　終夜《よもすがら》　時ゝ《より〳〵》　七夕《たなばた》　風流《たはむれ》　好色《〃》　猶予《ためらふ》　仮令《たとひ》　縦然《〃》　嬋妍《たをやか》　温席《たゝみ》
続松《たいまつ》　松明《たいまつ》　踏皮《たび》　単皮《〃》　海鼠《たはらご》　旋風《つじかぜ》　晦日《つごもり》　土筆《つく〴〵し》　徒然《つれ〴〵》　厚顔《つれなし》　墨汁《つぼ》　黄楊《つげ》　雷公《なるかみ》　地震《なえ》
無波《なぎ》　馴染《なじみ》　成染《なじみ》　平懐《なだらか》　等閑《なをざり》　長押《なげし》　石竹《なでしこ》　急雨《むらさめ》　合永也《むつましく》　百足《むかで》　身体《むくろ》　恋語《むつごと》　零余子《むかご》
六借《むつかし》　蒙古里《むくり》　後妻《うはなり》　可愛《うつくしげなり》　点頭《うなづく》　無下《うたてし》　長閑《のどか》　暖気《のどけし》　暴風《のあき》　海苔《のり》　短刀《のだち》　天鼠《くすね》　口説《くどく》
呼口《くちずさむ》　口号《〃》　角鷹《くまだか》　水鶏《くいな》　久年父《くねんぼ》　魚梁《やな》　弥武《やたけ》　大和《やまと》　徘徊《やすらふ》　玄孫《やしやご》　楊梅《やまもゝ》　平城《やぐら》　天門冬《やますげ》
花声《やさしい》　有情《〃》　後子《まゝこ》　馬刀《まて》　命面《まのあたり》　恋夫《まおとこ》　魚筋《まなばし》　強健《けなげ》　雪吹《ふぶき》　五倍子《ふし》　一切《ふつと》　布苔《ふのり》　海蘿《〃》　木《こ》
客《だま》　樹神《〃》　狼牙《こまつなぎ》　鹿角菜《こぶのり》　転筋《こぶらがへり》　平懐《こなす》　特牛《こつとい》　女孺《こめらう》　籠手《こて》　天河《あまのがは》　銀河《〃》　銀漢《〃》　明日《あす》　明《あ》
日去《さつて》　小豆《あづき》　通草《あけび》　荒猿《あらまし》　下火《あこ》　分野《ありさま》　荘観《〃》　数多《あまた》　白地《あからさま》　穴覧《あなかしこ》　荒皃《あらけなく》　浮岩《あくがれ》　五月雨《さみだれ》　梅雨《〃》
大角子《さゝぎ》　小百合《さゆり》　栄螺《さざい》　耳語《ささやく》　有声《さすがに》　有繋《〃》　尓程《さるほどに》　衣更着《きさらぎ》　公達《きんだち》　雲母《きらゝ》　火炉《ゆるり》　大星《ゆうづつ》　所以《ゆへ》
所縁《ゆかり》　努力《ゆめ〳〵》　洛陽《みやこ》　海松《みる》　水松《〃》　四十雀《しじゆうから》　清水《しみづ》　婦翁《しうと》　時雨《しぐれ》　加之《しかのみならず》　指南《しるべ》　海老《ゑび》　矢房《ゑびら》
蒲葡《ゑびかづら》　終日《ひめもす》　海鹿《ひじき》　古味栄《〃》　雲雀《ひばり》　東来西来《びらりしやらり》　氷魚《ひを》　海煙《もや》　虎落《もがり》　十五夜《もちづき》　三五月《〃》　伯労《もず》
百舌鳥《〃》　健忘《ものわすれ》　責事《せめてのこと》　薄烏賊《するめ》　磨粉木《すりこぎ》　雷盆《すりばち》　生絹《すゞしのきぬ》　下濃《すそご》　白慈草《すまうぐさ》　栖居《すまゐ》　強健《すくやか》　無人望《すげなし》

現代語に直結する多くの世話字が登録されているのが判明するでしょう。発生的にはシナの漢語もありますが、日本語の体系に取入れられ、あるいは漢字語として創作されたものなどです。この点からして、〈宛字〉は、公的と私的、晴とケ、雅と俗と二面からも分類できそうです。外国人にとっては同じレヴェルの日本語一般と了解認識されたわけです。

❖宛字文化は満開――江戸時代、充溢する漢字語

こうしていよいよ平民の時代、江戸期にはいります。積極的に宛字や世話字、義読の類が、用語とともに、物の本や辞典風のものに登録、説明されるまでになります。この種の語彙集が一冊の書として編集、出版されます。ちょうど和歌の王朝風雅の世界に対して、俳諧という庶民生活の世界が世の中の中核となってきたように、公的で正式な文書や古典語とは異質の――中世以来、ことに発展してきた――俗語で、生活に密着した漢字語がますます陽《ひ》の目をあびてきます。そのもっとも豊かなことばの宝庫は辞書、あるいはそれに準ずる言葉寄せです。たとえば、貞享二年（一六八五）刊行の『斉東俗談《せいとうぞくだん》』が注目されます。〈倭俗、造リ用ル者有リ〉として、〈和字〉（のちに国字とよぶ）までも収集しています。さらに、〈義訓《クン》ノ部・仮借《カシャク》ノ部〉を設けて、〈本ト其字無シ、義ヲ借テ之ニ名ヅクル者有リ〉と規定しています。先に〈義（意味）〉を借りての借字法とした借

義語の類です。これまで、宛字・世話などの言い方はありましたが、このように意識して分類したうえで、宛字を正面にすえて考察を加えているのは、やはり江戸期にはいってです。識者にも俗語や真字が関心をもたれてきたわけです。宛字が変則でなく、正則と認識されてきたのです。

同書はまた、〈義訓《クン》ノ部〉に〈入風《スキマ》　一二《ツマビラカ》　声花《ハナヤカ》　時勢粧《イマヤウスガタ》〉などがあり、いずれも出典をあげたり、〈求食《アサル》　日本ノ俗ノ世話ナリ〉のように註記を加えています。江戸時代以前と異なる一つの特色は、〈岩乗《ガンジヤウ》　俗〇物ノ健《スコヤカ》ナルヲ云、我多彼是《ガタヒシ》　人ノ多クアツマル音《コヘ》ナリ〉のように、確かに本来どういう意味なのか、典拠などを求めにくい語や表記の新語・俗語、あるいは、擬声・擬態語など、真字での表記による象徴語《オノマトペ》の類も多く取りあげています（岩乗は現代語では頑丈などと書きます。しかし本来は上でとりあげた、中世で創作の〈五調《ガンデウ》〉です）。

登録している語には、近世以前の世話字と同一のものも多くみられます。したがって、真字による日本語の創作は、当然のこととして、新しい時代に新しくおこった社会、人びとの言動など、これまで歴史の表面にあらわれてこなかった人びとが、主役に躍りでて活躍するようになった結果、そのコトバやモノが真字で書きあらわされ、表面に出てきたことになるのです。これを収集し、印刷に付するようになったのが、江戸時代です。辞典の類はとりもなおさず、明確な時代の反映なのです。〈世話字〉が急速に時代の生きた日本語の記号として、登場することとなるのです。また、内容的には『斉東俗談』などと同質で、中世以来の宛字や世話字・俗字を満載した辞典、『邇《じ》言便蒙抄《げんべんもうしょう》』もその典型として登場してきます。すなわち、西鶴などと同時代の天和二年（一六八二）

に刊行され、つぎのような〈世間所用の文字、世話字・義読(訓)〉の類をあげています。

素戻《スモドリ》　透許《スツカリ》　四度路《シドロ》　虚戯成《コケニナル》　濘転《スベリコロブ》　矢場《ヤニハ》　流石《サスガ》　咄笑《ドット(ワラフ)》　間荒《マバラ》　長敷《ヲトナシキ》　皆目《カイモク》　余見《ハヅミ》　手々《テンデニ》
愚弱理《グニヤリ》　沼田打《ノタウツ》　肝心《カンジン》　端手《ハデ》　破家《バカ》　一能《チヨイ》〻〳〵〻　方便《テダテ》　如鷺《ニヨロ》〻〳〵〻　浮和《ブワ》〻〳〵〻　瓦落《グワラ》〻〳〵〻　飽満《アグム》
点頭《ウナヅク》　手杵寝《テコネル》　私言《サヽヤク》　耳語《〃》　可憎《アナニク》　莞尓《ニツコリ》　佛〻《アラタウト》　龍音《ヲメク》　浮雲《アブナシ》　最愛《イトオシ》　難面《ツレナシ》　不行《ヨドム》　可笑《ヲカシ》　草臥《クタブレ》
交尾《ツルム》　片時《シバシ》　生長《ソダツ》　最媚《ナマメク》　有情《ヤサシ》　羞明《マバユシ》　両舌《イツハリ》　半面《サシマネク》　指南《シルベ》　望姓《モトデ》　風流《タハルヽ》　未審《イブカシ》　神仙《イキホトケ》　真似《マネ》　声《ハナ》
花《ヤカ》　白眼《ニラム》　自在《ワガマヽ》　不結《バラケル》　無人望《スゲナシ》　周章《アワツル》　時勢《イマヤウ》　若栄《ワカヤク》

右のほか、世話字・義読以外のところに、〈襦袢《ジユバン》　天鵞絨《ビロウド》　緞子《ドンス》　羅紗《ラシヤ》　羅背板《ラセイタ》　兜羅綿《トロメン》　繻子《シユス》〉といった外来語なども収載します。こうして江戸時代の漢字語は、まことに豊かな宛字の世界、漢字語の創作を満開させたわけです。江戸文化はすなわち、宛字文化なのです。

では具体的にどうかという証言として、江戸文学の花といえる井原西鶴の作品から紹介してみましょう。資料として西鶴の代表作、『好色一代男』(天和二年・一六八二)を中心にあげてみます。

明日《あす》　昔日《そのかみ》　日和《ひより》　日外《いつぞや》　時花《はやり》　私語《ささやき》　耳語《〃》　細語《〃》　密語《〃》　小語《〃》　口鼻《かか》(嚊)　小豆《あづき》　歯枝《やうじ》　養歯《〃》
唐土《もろこし》　何国《いづく》　黄楊《つげ》　念記《かたみ》　煙草《たばこ》　紅毛《おらんだ》　帷子《かたびら》　所縁《ゆかり》　夜終《よもすがら》　土産《みやげ》　門歓《みやげ》　泥亀《すつぽん》　紅葉《もみぢ》　時雨《しぐれ》　宿《との》
直《い》　草臥《くたびれ》　空言《うそ》　口合《〃》　訛言《〃》　阿爺《とと》　風与《ふと》(与風)　不図《〃》　十露盤《そろばん》　春日《かすが》　初心《うぶ》　草鞋《わらじ》　田舎《いなか》　下手《へた》

土器《かわらけ》　松明《たいまつ》　月代《さかやき》　浮雲《あぶなし》　雲落《あぶなし》　足袋《たび》　足踏《〃》　革踏《〃》　踏皮《〃》　海鹿藻《ひしきも》　海藻凝《ところてん》　心太《〃》　三味線《さみせん》　注連《しめ》
縄《なわ》　犢鼻褌《ふんどし》　四阿《あずまや》（屋）　行器《ほかい》　石流《さすが》　流石《〃》　大角豆食《ささげめし》　偸間《あからさま》　頓而《やがて》　雲雀《ひばり》　嬬子《しゆす》　先斗《ぽんと》　天鵝絨《びろうど》
熨斗《のし》　入墨《いれぼくろ》　婀娜《やさしく》　嬋娟《たをやか》　潸然《なみだぐみ》　小細支《ささやかなるこしばせ》　忍笑《ほほゑみて》　可怜《うつくし》　邂逅《たまさかに》　土竜《うごろもち》　烏賊《いか》　有増《あらまし》　荒増《〃》
荒猿《〃》　豹蚊《やぶか》　土筆《つくぐし》　蕎麦《そば》　紙虫《しみ》　石持《はぜ》　砂魚《〃》　河豚《ふぐ》　杜鵑《ほととぎす》（郭公・時鳥・無常鳥）　莨菪《たばこ》　石花《かんてん》
王余魚《かれい》　瞿麦《なでしこ》　丸雪《あられ》　浦山敷《うらやまし》　一二寝《うたゝね》　匹如《するすみ》　分野《ありさま》　白雨《ゆふだち》　如鷺〻〻《によろ〳〵》　破落離《ばらり》　女郎花《おみなえし》　望姓《もとで》
天窓《あたま》　産業《すぎはひ》　硫黄《つけぎ》　氷柱《つらゝ》　面皰《にきび》　肥汁《こやし》　建水《みづこぼし》　已来《このかた》　煙管《きせる》　吸啜《〃》　山刀豆《なたまめ》

西鶴の小説は〈真字・漢字語〉の宛字が花盛りです。ここまでいけば、江戸時代の言語生活は、漢字を真に日本語のために活用したといえるでしょう。漢字も日本人のもの、〈真字〉にふさわしい日本語として、〈漢語〉を〈漢字語〉に昇華し、シナともシナ語とも訣別して、はっきりと日本の文字とことばの世界を樹立したといえましょう。これまで後生大事にした〈漢語〉の世界を十二分に消化し、かつは創造して真に日本人のための〈漢字語〉の世界を確立せんとしている。こうした姿（語）態が、読み仮字、いわゆるルビつき宛字によって証明されます。日本漢字・漢字語の独立を明確にさせたといってよいでしょう（ルビは『古事記』に発します）。

この伝統と発展は幕末まで展開して、いわば百パーセントに近く、日本人の文字生活の中で花咲いたということができます。日本人が真字を自由自在に使いこなして、日本語を表現したわけです。したがって、もはや、宛字とか、義読（訓）などといった用語や分類は、ある意味では不適当の至りであって、一見、ルビ（読み仮字）や宛字のような形態をとっているものの、〈漢字〉すなわち〈真字〉を用いて独自の日本語の世界を、日本語にふさわしい表現・伝達の世界を創造したということができるのです。

*

江戸時代の中期になると、〈唐話《トウワ》〉といわれる近世シナ語、口頭語が流行します。そして、俗にいう唐話辞書の類が多く編集、刊行され、古代と同様に、こうしたシナ語に日本語が対応して示されます。結果的に上の変則的借字法といった分類に属する語が多く登録されました。〈徹夜《ヨモスガラ》　多方《イロ〱》　大人《チヽウエ》　処士《ウシ》　遠郡《イナカ》　田舎《〃》　無花果《イチジク》　左遷《サスラエ》〉などがその一端です。具体的には、伊藤東涯『名物六帖』であり、柴小輔・辻子禮『雑字類編』、秋水園主人『小説字彙』などです。唐話にも、雅と俗と区別できそうですが、全体を通覧してみますと、やはり近世シナ語の語形は、近代日本語の中にはなかなか組入れられず、多くは借りもののまま消滅したようです。

むしろつぎのような例は、現代語としては熟字訓とか宛字というよりも、〈漢語〉を〈漢字語〉に転成させて、日本語に組入れたわけです。

侏儒《イッスンボシ》　退職《インキョ》　佛郎機《イシビヤ》（石火矢）　致仕《インキョスル》　郷談《イナカコトバ》　沙門《ハウシ》　新郎《ハナムコ》　新婦《ハナヨメ》　白癡《バカ》　驟雨《ニワカアメ》　木偶《ニンギョウ》　書店《ホンヤ》

書肆《〃》　先考《ボウフ》　同僚《ホウバイ》　痘瘡《モガリ》　名誉《ホマレ》　心酔《ホレル》　陰茎《ヘノコ》　嘔吐《ヘド》　煖房《ヘヤミマイ》　朋友《トモダチ》　時規《トケイ》　熟読《トクトヨム》　地形《ヂナリ》　近代《チカゴロノヨ》
近視《チカメ》　翻刻《ヂウハン》　順風《ヲイテ》　任俠《ヲトコダテ》　游俠《〃》　大悪漢《ヲホワルモノ》　夫人《ヲクサマ》　愛妾《ヲモイモノ》　強記《ヲボヘヨシ》　放屁《ヲナラ》　聖慮《ヲボシメシ》　帰省《ヲヤミマイ》　勤王《ヲミカタスル》
重傷《ヲモデ》　強姦《ヲシマヲトコ》　壮年《ワカイトキ》　媾和《ワダシスル》　支給《ワタス》　夭折《ワカジニ》　銀河《アマノガワ》　埠頭《フナバ》　癡人《アホウ》　嫡嗣《アトツギ》　頂門《アタマノテツペン》　口銭《アタマノゼニ》
待遇《アイシライ》　暗号《アイコトバ》　姑息《アマヤカス》　悪寒《サムケ》　分娩《サンヲスル》　道祖神《サイノカミ》　綿羊《サイノコマ》　白湯《サユ》　酒税《サケノウンジヤウ》　時価《サウバ》　定額《サダメノタカ》　商議《サウダン》
朱欒《ザボン》　絶壁《ギリギシ》　皇后《キサキ》　睾丸《キンタマ》　関心《キニカカル》　清楚《キレイナ》　花街《イロザト》　異人《メヅラシキヒト》　尊属《メウエノシンルイ》　夫婦《メウト》　眼鏡《メガネ》　硝子《ビイドロ》　馬脳《メノウ》
逮捕《メシトル》　灌漑《ミヅヲシカケル》　道程《ミチノリ》　独身《ミスガラ》　写真《エゾウ》　抽籤《ミクジヲヒク》　水平《ミヅモリ》　土産《ミヤゲ》　破瓜《ミヅアゲ》　魚狗《カハセミ》　蚯蚓《ミヽズ》　別荘《シモヤシキ》　窮措大《ショセイ》
間諜《シノビノモノ》　肛門《シリノアナ》　精液《ジンスイ》　書架《ショダナ》　石灰《シツクイ》　起草《シタガキヲスル》　花燭《シウゲンブルマイ》　謙譲《ジギスル》　方法《シカタ》　失策《シクジリ》　吝嗇《シワイ》　縊死《シメコロス》　衣魚《シミ》
終日《ヒネモス》　食指《ヒトサシユビ》　午睡《ヒルネ》　単瓣《ヒトヘ》　句読師《モノヨミノシシヤウ》　斥候《モノミ》　旧姓《モトノメウジ》　煩悶《モダエル》　玩具《モテアソビ》　原価《モトネ》　麦芽《ムギノモヤシ》　無頼人《セウワルモノ》
賤息《セガレ》　留守《ゼウダイ》　麦粉《セウフ》　写生《セウウツシ》　徒手《スデ》　空腹《スキハラ》　着衣大鏡《スガタミ》　石炭《スクモ》　角力《スモウ》　生計《スギワイ》

右の例語からすれば、江戸期のいわば俗用ともいうべき日本語は、〈漢語〉に近い感覚によって、――これは明治時代以降の教育も大いにあずかって力ありでしょう――、音による漢字語（字音語）としても、近代語・現代語の中に定着させるわけです。

さらにつぎのような例語は、いわゆる熟字訓が優先、ないしは定着して現代語として組入れられています。〈漢字〉はむしろ切り捨てられて、別の〈真字〉を用い、日本語として〈漢字語〉に衣更しています。

○許嫁《イヒナヅケ》　花尊《ハナイケ》　○糸瓜《ヘチマ》　○華表《トリイ》　省文《リヤクジ》　養花天《ハナグモリ》　粉刺《ニキビ》　訪病《ベウキミマイ》　病故《ベウシ》　物論《ヘウバン》　漫画《ヘラサギ》　景天《ベンケイソウ》　鰥《ドク》
店《シン》　角手《チヤルメラフキ》　令堂《ヲフクロサマ》　小姑《ヲツトノイモト》　夫子《トノゴ》　義弟《オトトブン》　盛寵《ヲメカケ》　訳長《ヲホツウジ》　○噯気《ヲクビ》　複字《ヲドリジ》　信進《ヲクリモノ》　強売《ヲシウリ》　○狐《ワキ》
臭《ガ》　明外日《アサッテ》　○四阿《アヅマヤ》　朝雨《アサダチ》　痘班《アバタ》《ホウソウノアト》　方灯《アンドン》　黒児《アンコロ》　○蒸餅《アンナシマンジユウ》　老大前日《サキオト、イ》　離書《サリジヨウ》　平文《サンブン》
耳語《サ、ヤク》　孔道《キリドヲシ》　副衣《キガヘ》　○白雨《ユウダチ》　○浴衣《ユカタ》　○百合《ユリ》　○丁班魚《メダカ》　初月《ミカヅキ》　○鳩尾《ミゾヲチ》　水銃《ミヅハジキ》　頃之《シバラクシテ》　汗襦《ジュバン》
豆油《ショウユ》　半風《シラミ》　日来《ヒゴロ》　単丁《ヒトヘモノ》　救火夫《ヒケシ》　望火夫《ヒノミバン》　女戔《ビタ》　○天鵝絨《ビロウド》　虎落《モガリ》　○伯労《モズ》　○告天子《ヒバリ》　○百日《サルスベ》
紅《リ》　駝鳥《ヒクイドリ》　射干《ヒアフギ》　○鹿角菜《ヒジキ》　○糯米《モチゴメ》　海藴《モヅク》　市儈《スワイ》　○墨斗《スミツボ》　○擂盆《スリバチ》　空手《スデ》

右は漢字語としての独立性はほとんどなく、〈許嫁《イヒナヅケ》〉をはじめごく少数のもの（○印）が受けつがれて、現代に至っているわけです。それも、前代からのものを考えると、すでに定着した〈漢字語〉がほとんどでしょう。

いずれにせよ、こうして、江戸時代での新〈漢語〉というのは、日本語の中で必ずしも十分に成熟することなく、用いられなくなっていきます。〈宛字〉というのは、ある意味では流行語などと同じく、漢字語としての独自性はその時代の枠内に限定されていますから、生残るところも少なく、有効性は少数の語彙において発揮されるだけです。

幕末になると、さらに徹底した宛字辞典——資料的には、唐話を主として編集——が編集されます。幕末、文久三年（一八六三）成立の谷口松軒『魁本大字類苑』（以下、『大字類苑』という）がその一つです。〈是書漢語ヲ以テ本行ト為シ、国字俗訳ヲ傍ニ置キ異称別名等ハ之ヲ註文ニ載ス〉

とあって、シナの〈漢字・漢語〉を取上げて日本語と対応させています。〈花街〉がイロザト、をはじめ、対応する日本語に、どういうものがあるか、また、〈柳市《イロザト》　女閭《〃》　女肆《〃》〉など、〈花街〉と同語異表記の漢語をあげています。『大字類苑』といわれるゆえんです。結果的には、イロザトの類義語を複数あげていることにもなるわけです。珍しくも宛読み・宛字の両機能をそなえた辞典といってよく、なかには貴重な江戸語もみえます。ここでも音・訓の区別なく、一つの漢字語という構造である点は注目したいと思います。先にあげた『雑字類編』とも同工です。すこしく例語をあげてみます。

情婦《イロヲンナ》　送秋波《イロメツカフ》　雲脂《イロコ・フケ》　海豚《イルカ》　文身《イレズミ》　早晩《イツカ》　日外《イツゾヤ》　齋宮《イツキノミヤ》　終身《イツシヤウ》　呼吸《イヅルイキイルイキ》　東南風《イナサ》　固辞《イナム》

軍神《イクサガミ》　兎唇《イグチ》　兎缺《〃》　若干《イクラ》　池畔《イケノハタ》　不審《イブカシ》　敦圄《イキマキ》　石油《イシノアブラ》　疱瘡《イモ》　飛頭蛮《ロクロクビ》　東皇《ハルノカミ》　癡漢《バカモノ》　中軍《ハタモト》　雷《ハタ》

〱魚　牛酪《バタ》　魚膠《ニベ》　莞尓《ニツコリ》　天鵝絨《ビロウド》　領巾《ヒレ》　日来《ヒゴロ》　短銃《ピストル》　固有《モチマヘ》　生計《スギハヒ》　資本《モトデ》　東道《アルジ》　麦魚《メダカ》　眩暈《メガマハル》

右もそのまま、漢字語として近代日本語に組入れられる語彙がほとんどであり、前代からの受けつぎも多いようです。〈日外《イツゾヤ》〉はニチガイでは用いず、熟字訓の一典型ですが、江戸時代は前期から後期まで、よく用いられています。また〈敦圄《イキマキ》〉のように、明治の新文学にまでよく用いられていますが、やがて現代語群から脱落していくものもあります。その点、いわゆる熟字訓としてはつぎのような常用がみられます。

九折《ツヅラヲリ》　氷柱《ツララ》　追儺《ツイナ》　盗汗《ネアセ》　刀豆《ナタマメ》　破落戸《ナラズモノ》　虎落《モガリ》　胡臭《ワキガ》　莫大小《メリヤス》　喝采《カツサイ》　金糸雀《カナリヤ》　仮寝《ウタタネ》　火傷《ヤケド》
流鏑馬《ヤブサメ》　石女《ウマズメ》　須臾《トキノマ》　十姉妹《ジフシマツ》　僂人《セムシ》　痀僂《〃》　咯々地响《モクギョノオト》　八格戯《ジフロクムサシ》

終りにあげた二例などの類は、しかしやがて特殊として姿を消します。江戸時代の一時期に用いられるにとどまるわけです。ただ『大字類苑』は近世シナ語ともいうべき唐話（別に小説語とも）に限定され、必ずしも後世に受けつがれる語が多いとはいえません。トキノコエなども、〈鯨波〉は見えず、書名のとおり、同語異表記の類語が中心になっています。したがって、鳥や動物・植物名などでも、たとえばジウシマツなど、〈巧婦鳥・相思鳥・十姉妹〉と三種がみえます。ツナミも、〈海立・海笑・海嘯・海消・海溢・沓潮〉と六種を数えます。ツネ〴〵は、〈平常・日常・時常・恆常・間常・毎常〉、ツウジは、〈訳官・訳士・訳人・象胥・舌人・象狄鞮〉など、文字どおり、『大字類苑』として同語の異表記（別のシナ俗語）が列挙されています。これは裏返すと、一つの日本語に複数の〈漢語〉が対応することは当然のことで、この関係は古代からのもので、成熟して日本語として定着するまではユレもあります。しかし江戸期のものがそのまま明治時代へと流れていくわけです。たとえば、滝沢馬琴『椿説弓張月』・『南総里見八犬伝』、明治期になって二葉亭四迷『浮雲』などの〈東道《アルヂ》・敦圉《イキマク》〉、さらに日夏耿之介、『黒衣聖母』の〈東道《みちび》く〉などは、『大字類苑』の〈家主《アルジ》・主人《〃》・主僧《〃》・東道《〃》・東人《〃》〉と一致します。

『大字類苑』には、〈地名人名姓字ノ如キモ亦別ニ其書アリ故ニ載セズ〉とありますから、ここには固有名詞はのせていません。また外来語も少数しか登録はしていません。江戸時代ではニュートンも、〈尼通〉と〈奈端〉のようにシナ製と日本製、いわば〈漢語〉と〈漢字語〉とがあります。これには日本での洋書翻訳のほか、シナでの欧文翻訳書が日本へ輸入されて、日本語に組込まれるようになった経緯が考えられます。〈閣龍《コロンブス》・巴《パ》(吧)里《リ》・独逸《ドイツ》〉また〈化学・電気・電池〉など、シナ製の語も多くが明治時代へと受けつがれていくのです。

ここで明治期になって刊行された江戸語辞典、『増補俚言集覧』についてふれておきましょう。この辞典は江戸語が主ですが、あえてこれにプラスして、〈小説語〉が明治期になって増補されているのです。小説語とは、ほぼ内容、語彙のうえから、唐話と同質かそれに準ずるもので、いわゆる白話小説にみえる、当時のシナ俗語です。編者がなぜこれを加えたかは、その〈凡例〉でもことわっているように、江戸時代の小説、とりわけ読本《よみほん》というジャンルの作品にみえる語彙を収録したいという目的があったわけです。つまり江戸時代、シナの白話小説の影響を受けた読本の類を読むうえで必要な語、シナの近世俗語の知識を知らせんがため、ということです。やはり明治初年まで、唐話と日本語とが強い関係をもち、そのうちのいくらかが、やがて近代日本語として、日本語に組入れられ定着するわけです。前に紹介した『大字類苑』の〈穏婆《トリアゲババ》・甲首《クミガシラ》・蓋匠《ヤネヤ》・下程《ハナムケ》・間気的《ウハキモノ》〉などが、『増補俚言集覧』に収載されている点、小説語の性格も判明しますし、その勢力がこうして明治初期に及んでいることも証明するものです(現代中国語としては消滅します)。

やはり幕末〜明治初期の文学を解読するうえにも必要な漢字語の知識でした。

なお最後に新資料として、『俗字類聚』(写本、未翻刻)を紹介しておきましょう。〈天々《ノケゾル》・腰行《イザリ》・風行《ウカレアリク》・区々《マチ〳〵》・雨雪《ミゾレ》・一入《ヒトシオ》・儒《モノシリ》・左右音《モロゴヱ》〉など、部分的ながら古代からの出典もあげ、一冊の辞典に編集した珍種があります。まさしく正真正銘の〈漢字語〉の類聚辞典です。江戸中期のころ成立かと思いますが、編者未詳がおしまれます。やはり宛字に関心の強い隠れた賢人がいるものです。他日、翻刻紹介しましょう。

❖宛字文化の終焉——明治以降、ルビなき漢字語の世界

以上のように、古代から幕末、さらに明治二十年(一八八七)ごろまで、日本人と漢字・漢語との交渉は複雑な経緯をもって、きわめて入り組んだ構造をとってきました。厳密にいえば、漢語、すなわちシナ語(シナ俗語をふくむ)も——radioをラヂオ・ラジオと日本語化したように——外来語として日本語に組入れ、さらにまた、ナイトゲーム(英語)ではなく、ナイター(日本語)と和製英語(実は英語風日本語)を創作したように、多くの〈漢語(シナ語)〉ならぬ〈漢字語(日本語)〉が創作されたのです。と同時に、古代、中世、近世と絶えずシナとの交渉をもって、それぞれの時代のシナ語、すなわち〈漢語〉をも受入れ、日本語の一部、外来語として取込んで、日本語に

帰化させ、日本語を豊かにしてきました。その点、明治前期（明治二十年ごろ）までと、それ以降とでは、中・日両語のバランスは大きく変化しています。いわば、明治二十年代後半以後、現代日本語の時代にはいり、シナ漢語の受容はさまがわりしたといってもよいでしょう。現代語としては、ほとんど〈漢語〉の供給は必要なくなりました。反面、幕末、明治初年の間は、それまで貯えた外来語としての〈漢語〉、訳語として創作された〈新漢字語〉、さらに〈漢字語〉もまた、従来どおりに読み仮字をふることで十二分に活用されたわけです。そしてもっぱら、〈漢字語〉の創作、すなわち、日本語独自の真字のことばが、日本語を表現する中核にすわるようになりました。

ただここで、一つ注意しておきたいことがあります。すなわち、ヨーロッパ系の外来語（音訳語）についてです。吉利支丹《キリシタン》時代ではむしろ仮字表記であったものが、古代的にというか、江戸時代には、化学を〈舎密《セイミ》 chemie〉、方法を〈黙多徳《メトーデ》 method〉、また〈虎列剌《コレラ》・越歴《エレキ》（電気）〉などというように、真字表記を主としたのです（原語は主としてオランダ語）。あるいは、幕末〜明治初期にかけては、〈船渠《ドッグ》・洋琴《ピアノ》・骨牌《カルタ》・黒死病《ペスト》・洋燧《マッチ》（燐）・牛津《オックスホード》・聖林《ハリウッド》〉など、借義語による創作（日・中両国製）が実施されました。しかしこの中でも真字による語彙は、やがて片仮字表記で統一されるのです。かつての漢字に代わり今や仮字が優先されます。

なお蛇足を加えれば、いわゆるルビ・読み仮字と宛字との関係が一考すべき問題として残っています。しかしこれも、実はルビそのものが日本語であり中核であって、これを優先して考えねばならないわけです。したがって、これまでのべた〈宛字〉の概念や認識によって、両者の関連も解明されることになるでしょう。もし現代中国語を宛字として借りれば、〈走《ある》く〉の例がみられるはずで、歩《アル》クことさえ、中・日で別の内容、別の漢字の世界です。ルビが主、真字・漢字の文字は借り物であって従なのです。従来とは逆の考えこそ、漢字・漢字語をとり入れている日本語語彙体系への認識の正しさです。いうまでもなく、宛字こそ、湯桶読みや重箱読みとともに、生活に必需の生きた漢字語、真字による正則の日本語なのです。アテたのではなく、新しく創作された漢字語とともに、ルビを廃しての自立した漢語こそ、現代および未来の日本語にとって必要な姿であることを認識すべきでしょう。

参考文献——本書に用いた辞書・資料

○　影印本
◎　著者による影印本
▲　架蔵版本
△　写真版（私製）
□　活字本

❖古代ノ部

○『和名抄』（『諸本集成倭名類聚抄』、臨川書店、昭和四十三年）
○『新撰字鏡』（臨川書店、昭和三十三年）
○『類聚名義抄』（天理大学善本叢書、八木書店、昭和五十一年）
□『名語記』（勉誠社、昭和五十八年）

❖中世ノ部

○『運歩色葉集』（臨川書店、昭和四十四年）
○『下学集』（新生社、昭和四十三年／岩波文庫、昭和十九年）
▲『塵添壒嚢抄』（板本）
○『藻塩草』（和泉書院、昭和五十八年）
△『古写本雑字類書』（写真版、国立国会図書館蔵本）
◎『易林本小山板節用集』（文化書房博文社、昭和四十六年）
◎『早大本節用集』（雄山閣、昭和五十年）＊その他、「節用集」の類
○『日葡辞書』（一誠堂版）
◎『ライデン大学図書館蔵落葉集　影印と研究』（ひたく書房、昭和五十九年）

❖江戸時代ノ部

□『嘉多言』（片言、国語学大系本、厚生閣、昭和十四年）
□『万葉代匠記』（冨山房、昭和十三～十七年）
▲『早引節用集』（架蔵本三種、江戸中期）
◎『増補下学集』（文化書房博文社、昭和四十六年）
▲『和漢音釈書言字考節用集』（合類節用集、写本）
◎『訓蒙図彙』（早稲田大学出版部、昭和五十年）
○『和漢三才図会』（『倭漢三才図会』吉川弘文館、明治三十九年）
□『嬉遊笑覧』（岩波文庫、平成十四～二十一年）
○『守貞謾稿』（東京堂出版、平成四年）
◎『東雅』（早稲田大学出版部、平成六年）
◎『雑字類編』（ひたく書房、昭和五十六年）
○『斉東俗談』（ひたく書房、平成七年）
◎『邇言便蒙抄』（文化書房博文社、昭和五十年）
◎『魁本大字類苑』（雄山閣、平成六年）
◎『本草綱目啓蒙』（早稲田大学出版部、昭和四十九年）
◎『古名録』（早稲田大学出版部、昭和五十三年）
▲『字引節用集』（板本）
▲『俳字節用集』（板本）
▲『字尽重宝記』（板本）
△『当用俗字之手控』（写真版、板本、国立国会図書館蔵本）
▲『狂歌言葉海』（板本）
▲『雅俗幼学新書』（板本）

▲『万葉用字格』（板本）

❖明治初期、辞書・字引

▲『広益熟字典』（明治七年）
▲『新撰東京以呂波節用集』（明治二十三年）
▲『早引節用集大全』（明治二十四年）

❖参考辞書・辞典

□『日漢辞典』（大安出版部、昭和三十四年）
□『大字典』（普及版、講談社、昭和四十年）
□『大辞典』（平凡社、昭和九〜十一年）
□『学研国語大辞典』（学習研究社、昭和五十三年）
□『国語新辞典』（研究社、昭和二十七年）
□『新明解国語辞典』（三省堂、第二版、昭和四十九年）
□『岩波古語辞典』（岩波書店、昭和四十九年）
□『新撰俳諧辞典』（大倉書店、昭和二年）
□『増補語林倭訓栞』（名著刊行会、昭和四十八年）
□『増補俚言集覧』（名著刊行会、昭和四十年）
□『物類称呼』（岩波文庫、昭和十六年／八坂書房、昭和五十一年）
□『誹風柳多留全集』（三省堂、昭和五十一〜五十九年）
□『誹諧武玉川』（岩波文庫、昭和五十九〜六十年）
□『江戸語の辞典』（講談社学術文庫、昭和五十四年）
□『江戸文学辞典』（冨山房、昭和十五年）

□『万葉辞典』（増訂版、有朋堂、昭和二十七年）

❖参考拙著

□『西鶴語彙管見』（ひたく書房、昭和五十七年）
□『井原西鶴と日本語の世界』（彩流社、平成二十四年）
□『馬琴、滝沢瑣吉と言語生活』（至文堂、平成十七年）
□『江戸-東京語 118 話』（早稲田大学出版部、昭和六十三年）
□『方言風土記』（雄山閣、昭和五十年）
□『漢字入門』（改訂増補版、雄山閣、昭和六十年）
□『語源海』（東京書籍、平成十七年）
□『あて字用例辞典』（雄山閣、平成六年）

あとがき——宛字こそ日本漢字の正真正銘の姿

本当の日本漢語の世界を描いたのが本書です。平成元年、私が現代中国、北京に日本語を教えるため滞在していた間、人民大学は人民大学《レンミンターシャ》、バスに乗るは上《シャン》、降りるは下《シャ》、また逆に現代中国語でいう熟語、孝衣《シャオイイ》は喪服、寿材《ショウカイ》は棺桶、草木皆兵は心理的オビエを示す四字熟語と、デモとともに体験。平仮字、〈あ〉は漢字、〈安〉から、片仮字、〈サ〉は〈散〉の一部省略などと講義すると、受講の学生は、きわめて興味を示してくれました。

滞在六カ月の最大体験として、シナ語と日本語はまったく別の国語と痛感しました。経験ハ理論ニマサルです。両者の根本的違いは？——日本人とシナの人とは、それぞれの国語を造る能力、方式が異なるという当然の結論です。日本人はシナの漢字を用いても、独自の方式、表現、いわば日本人の知恵の結晶として、漢語を創造したこと——こうした明確な自覚と確信的解答を与えるのが、いわゆる〈宛字〉なのです（ただし宛字はシナの漢字を基にした考えなので、これからは論文等には用いないつもりです）。

本書は一九八六年〜八八年と足掛け三年に及んで、「産経新聞」の要請を受けて連載、好評をえた〈漢字はてな？〉の小記事を、私の切抜帳より百語選び、さらに日本のラッキーナンバーを意識して八語を加えて、加筆・編集しました。タイトルは、先に刊行の『漢字百珍』にならって、〈宛字百景〉としました。いわば兄弟版です。

今回は漢字の形ではなく、中身、漢語の生きた実用的面を検討し、その成果を〈宛字〉を題材としての日本漢語入門書でもあります。なお読物として、〈宛字〉の歴史を通観し、日本語の歴史の中で漢字をどう考え、理解・創造したかを改めて解説しておきました。日本人一般が身につけておくべき日本漢語の基本的常識です。

〈宛字／あて字〉の呼称は中世半ば（十三世紀後半）にみえます。また同じころ、湯桶読や重箱読などの俗称もみえ、国語学ではこれらを変則的とレッテルを貼りました。しかし〈宛字〉研究に半世紀の私には、これこそがシナの漢字を、日本人が日本の心・知恵を表現する方式として創造した有効な結果であると認識、これこそが正則であると結論しました。日本人の漢字創作能力の端的なアラワレなのです、最近よくみかける〈思惑〉など、ユトウよみだと排して、シワクなどと用いるでしょうか。〈米代〉をベイダイなど口にするでしょうか。

日本人の言語能力・創造力のほんの一端を、本書で紹介しました。第Ⅱ部、〈宛字概説〉とともに、心ゆくまで宛字の世界を散策、日本漢字の世界を満喫してください。

末筆になりましたが、本書の企画・構成は、編集担当の八尾睦巳さんのアイデアによります。一言謝辞を付して擱筆とします。

二〇一八年六月

著者誌

主要宛字索引

＊本文第Ⅰ部（17-170頁）を対象とした。
＊読みは現代かなづかいで示す。
＊太字は見出し語。

【ア】
渠奴（アイツ）　**17**
胝／胼（アカギレ）　18
皸／皹（アカギレ）　**18**
白地（アカラサマ）　51
欠／欠伸／失欠（アクビ）　19-20
叭（アクビ）　**19**
胡座／胡床（アグラ）　169-170
木通（アケビ）　63, 64
浅墓（アサハカ）　20, 151
浅猿（アサマシ）　**20-21**
海驢（アシカ）　42
飛鳥（アスカ）　160-161
四阿（アズマヤ）　**21-22**
小亭／東屋（アズマヤ）　22
天晴（アッパレ）　104
穴賢（アナカシコ）　151
菊石（アバタ）　**23-24,** 32
痘痕（アバタ）　23
亭（アバラヤ）　22
浮雲（アブナイ）　**25**
雲踏（アブナイ）　25
天邪鬼（アマノジャク）　26
天探女（アマノジャク）　**26-27**
年魚（アユ）　**27-28**
香魚（アユ）　27
荒風（アラシ）　71
荒猿（アラマシ）　20, 151
東道（アルジ）　124
石決明（アワビ）　**28-29**
鮑／鰒（アワビ）　28
行火（アンカ）　170
行厨（アンチウ／→ベントウ）　142
行灯（アンドン）　167, 170
塩梅（アンバイ）　**29-30**
烏賊（イカ）　58-59
柔魚／墨魚／鰞鰂（イカ）　59
五十日太（イカダ）　**30**
紙鳶（イカノボリ）　95, 96
五十嵐（イガラシ）　30-31
敦圉（イキマク）　124
覆盆子（イチゴ）　62
一口坂（イモアライザカ）　**32**
疱瘡（イモガサ）　24
入墨（イレズミ）　34
文身（イレズミ）　**33**
刺青（イレズミ）　33
黥（イレズミ）　33, 35
文身（イレボクロ）　33, 35
雲脂（イロコ）　133, 135
秦吉了（インコ）　63
鸚哥（インコ）　63
一二三（ウタタネ）　**35-36**
一二寝（ウタタネ）　36
転寐（ウタタネ）　36
宇立（ウダツ）　37
卯達（ウダツ）　38
梲（ウダツ）　**37**
蜀柱（ウダツ）　37
団（ウチワ）　**38-39**
団扇（ウチワ）　38-39, 165
独活（ウド）　156
胡乱（ウロン）　170
靨（エクボ）　23, 114
椀飯（オウバン）　**39-40**
大盤振舞（オオバンブルマイ）　39
晩稲（オクテ）　144
大佛（オサラギ）　**40-41**
膃肭臍（オットセイ）　**42**
膃肭獣（オットセイ）　42

十八番（オハコ） **43-44**
得意（オハコ） 44
俤（オモカゲ） 93
お山（オヤマ） 44, 46
女方（オヤマ） **44, 46**
女形（オヤマ） 44-46
乃公（オレ） 17

【カ】
甲坼（カイワレ） **47**
貝割／穎割（カイワレ） 47
案山子（カカシ） 48-49
鹿驚（カカシ） **48-49**
石花（カキ） **49-50**
牡蠣（カキ） 49-50
白地蔵（カクレアソビ／カクレンボ） **50-52**
迷蔵／捉迷蔵（カクレンボ） 52
鹿島立（カシマタチ） 54
春日（カスガ） 161
加須底羅／家主貞良／鶏蛋糕（カステイラ） 58
飛白（カスリ） **52-53**
絣（カスリ） 53
片仮字（カタカナ） 55
帷子（カタビラ） 165
首途（カドデ／カドイデ） **53-54**
門出（カドデ／カドイデ） 54
発途（カドイデ） 54
仮字（カナ） **55-56**
仮名（カナ） 56
曲尺（カネジャク） **56**
蚊触（カブレ） 158
浮石糖（カルメラ／カルメイラ） **57**
軽目焼／泡糖（カルメラ） 57
王余魚（カレイ） 58-59
鰈／鮃（カレイ） 59
為替（カワセ） 83
五調（ガンジョウ） **60-61**
四調（ガンジョウ） 60-61
巌丈／巌乗／巌畳（ガンジョウ） 60-62
岩乗／岩畳（ガンジョウ） 60-62
頑丈（ガンジョウ） 60, 62

懸鉤子（キイチゴ） **62**
木苺（キイチゴ） 62
気障（キザ） 119
九官鳥（キュウカンチョウ） 63
秦吉了（キュウカンチョウ／キュウカン） **63-64**
容色／容姿／容貌／姿色／器量（キリョウ） 65
嫖緻／嫖致（キリョウ） **65-66**
形容艶（キリョウヨシ） 65
久寿玉／薬玉（クスダマ） 66
長命縷／続命縷（クスダマ） **66-67**
曲者（クセモノ） 57
颶風（グフウ） 72
解死人／下死人（ゲシニン） **67-68**
下手人（ゲシュニン／→ゲシニン） 67-68
怪事（ケチ） **68-69**
怪知／妖孽／稀知（ケチ） 68
卑下／卑吝／卑陋／狭隘／蹴地（ケチ） 69
非／冷／不祥（ケチ） 69
吝／吝嗇（ケチ） 69
闕（ケチ） 69
吝嗇家（ケチンボウ） 69
螻蛄（ケラ） 149
強盛（ゴウジョウ） 61
牛角（ゴカク） **70**
互角（ゴカク） 70
凩（コガラシ） 93, 95
炬燵（コタツ） 167
東風（コチ） 71
蟀谷（コメカミ） **72**
顳顬（コメカミ） 72
破落戸（ゴロツキ） **73-74**
無宿／無頼漢（ゴロツキ） 73
金平糖／金米糖／金餅糖（コンペイトウ） 58

【サ】
魚（サカナ） 145-146
雑魚（ザコ／ザコウ） 75
雑喉（ザコ／ザッコウ／ザッコ） **75-76**
雑居寝／雑魚寝（ザコネ） 75
雑喉場（ザコバ） 76
刺躬／指身／差酢（サシミ） 77-78

魚軒（サシミ） **77-78**
鮍（サシミ） 78
繊（サシミ） 77-78
大小（サスガ） 79
有繋（サスガ） **79-80**
流石／石流（サスガ） 79-80
流草（サスガ） 79
四股名（シコナ） 91
醜名（シコナ） 91
宍（シシ） 147
乱次（シドケナイ） 81
四度路（シドロ） 81
乱次（シドロ） 81
取次（シドロ） 81
四途路筋斗（シドロモドロ） 81
雨草雨木（シドロモドロ） 81
取次筋斗（シドロモドロ） **80-81**
跉 （シドロモドロ） 81
緋（シドロモドロ） 81
蹉跎（シドロモドロ） 81
為似／仕似（シニセ） **82-83**
老舗（シニセ） 82
五更／凌晨（シノノメ） 84
東布／東雲（シノノメ） **83-84**
細竹目／篠目／閉目（シノノメ） 83
戯場（シバイ） 46
七五三縄（シメナワ） **84-85**
注連縄（シメナワ） 84-85
標縄（シメナワ） 84-85
仕舞屋（シモタヤ） 82
吃逆（シャクリ／シャックリ） **85-88**
呃逆／咳逆／欬逆（シャクリ） 86
噦／噦労（シャクリ） 86
噦／噦噫（シャクリ） 85, 86
十八番（ジュウハチバン／→オハコ） 44
串談（ジョウダン） 132
秦吉了（シンキツリョウ） 63
心切／信切／深切／親切（シンセツ） **87**
鮓（スシ） 77
捨芹麸（ステゼリフ） 94
捨罪（ステバチ） **88**
捨鉢／捨礫（ステバチ） 88
図法師（ズボシ） **89-90**
図星（ズボシ） 89-90
角力（スモウ） 91
角觝（スモウ） **90-91**
相撲（スモウ） 91
躮（セガレ） **92-93**
悴／悴子／世悴（セガレ） 92
愚息／賤息／痴児（セガレ） 92
分説（セリフ） 93
台詞／台辞（セリフ） 93
科白（セリフ） 94
演説（セリフ） 94
湾諷（セリフ） **93-94**
餞別（センベツ） 54
十露盤（ソロバン） 31

【タ】
乃公（ダイコウ） 17
大切（タイセツ） 88
颱風（タイフウ） 72
凧（タコ） 95
紙鳶（タコ） **95-96**
鮹（タコ） 95, 148
胼胝（タコ） 147
章魚（タコ） 95
蛸（タコ） 95
煄（タコ） 147
山車（ダシ） **96-98**
厄（タシナミ） **98-99**
嗜（タシナミ） 98-100
足衣／足踏／革蹈（タビ） 101
足袋（タビ） 100-101
単皮（タビ） **100-101**
短襪（タビ） 101
白痴／倥侗／戯気（タワケ） 102
鶏婚（タワケ） 102
癡呆（タワケ） 102
癡漢（タワケ） **102-103**
狂言／妖言／戯言（タワゴト） 102
車楽（ダンジリ） 96, 98

湯婆（タンポ） 167
乳隠（チカクシ） 101
痴漢（チカン） 103
一寸（チョット） 103
鳥渡（チョット） **103, 105,** 107
霎時（チョット） 104
即席惚（チョットボレ） 104
看一看（チョットミ） 105
瞥一瞥（チョットミ） 105
閊（ツカエ） 93
牒（ツクリ） 78
鹿角菜（ツノマタ） 128
択食（ツワリ） **105-106**
妊病（ツワリ） 106
悪阻／悪孕／阻病（ツワリ） 106
峠（トウゲ） 93
左右（トカク） 107
兎角（トカク） **106-107**
紅鶴／朱鷺（トキ） 108
桃花鳥（トキ） **108**
鴇／鴅／鴾（トキ） 108
木賊（トクサ） 59
砥草（トクサ） 59
独擅場（ドクセンジョウ） 39
独壇場（ドクダンジョウ） 39
大凝菜／凝海菜（トコロテン） 110
心太（トコロテン） 110
石花菜（トコロテン） **109-110**
交接／交合（トツグ） **110-111**
嫁（トツグ） 111
波及失（トバッチリ） **112-113**
浮騰（トバッチリ） 112
余波／余滴（トバッチリ） 113
団栗（ドングリ） 39
翻筋斗（トンボガエリ） 81

【ナ】
秋波（ナガシメ） 114
流眄／流眸／流睇（ナガシメ） **114**
眄（ナガシメ） 114
凪（ナギ） 95
鯰（ナマズ） 28
泪／涕／潸（ナミダ） 115-116
恋水（ナミダ） **115-116**
潸然（ナミダグム） 116
寧楽（ナラ） 160
魚膠（ニベ） 118
若気（ニヤケ） **119**
弱気（ニヤケ） 120
嬌治（ニヤケ） 120
太田道灌（ニワカアメ） **120-121**
暴雨／疾雨／驟雨（ニワカアメ） 120-121
家虎／如虎（ネコ） 122, 162
家兎／社君（ネズミ） 122
家鹿（ネズミ） **122-123**
邌物（ネリモノ） 97
暖簾（ノレン） 167

【ハ】
南風（ハエ） 71
燕（ハデ） 124
花美／華美／華麗／華靡／華奢（ハデ） 124
派手／破手／端手／破体／葉手（ハデ） 124-125
開豁（ハデ） **124**
纏頭（ハナ） **126**
餞別（ハナムケ） 54
嫗（ハニカミ） 93
疾風／暴風（ハヤチ／ハヤテ） 71
六味菜（ヒジキ） 128
羊栖菜（ヒジキ） 127
鹿角菜（ヒジキ） 127-128
鹿尾菜（ヒジキ） **127**
一向（ヒタスラ） 129
只管（ヒタスラ） 128-129
平天／浸空（ヒタスラ） 129
大恋（ヒタブル） **128-129**
混空（ヒタブル） 129
負暄（ヒナタボコ） 130
偃曝（ヒナタボコリ） 130
日南北向（ヒナタボッコ／―ボコ） **129-130**
素見（ヒヤカシ） **131-132**
冷語（ヒヤカシ） 131

日和（ヒヨリ） **132-133**
平仮字（ヒラガナ） 55
鮃（ヒラメ） 59
雲脂（フケ） **133-135**
頭垢（フケ） 133, 135
普請（フシン） 170
附子（ブス） **136**
醜女（ブス） 137
鞦韆（ブランコ） 96
頁（ページ） **137-138**
巻子綫（ヘソクリ） **138-139**
経麻繰（ヘソクリ） 139
臍栗（ヘソクリ） 139
便乱坊（ベラボウ） 140
篦棒（ベラボウ） **140-141**
弁当（ベントウ） 141-142
行厨（ベントウ） **141-142**
孑孑（ボウフラ） 158
胞繰金（ホゾクリガネ） 139
忽布（ホップ） 156
不如帰／子規／時鳥／蜀魄（ホトトギス） 109
田鵑／杜鵑／謝豹（ホトトギス） 109
私貯（ホマチ） 139
牡蠣（ボレイ） 49
母衣（ホロ） **142-143**
幌（ホロ） 143
馬尾藻／神馬藻（ホンダワラ） 128

【マ】
老成（マセ） **144-145**
早熟（マセ） 144
夙慧（マセ） 145
真字（マナ） 55
真魚板（マナイタ） **145**
真菜板／末那板（マナイタ） 145
俎／俎板（マナイタ） 145
肉刺（マメ） **146**
虎子（マル） 168
見挙（ミアゲ／→ミヤゲ） 149
木乃伊／身比羅／密人（ミイラ） 42-43
鳩尾（ミズオチ／ミゾオチ） 73
痘痕（ミッチャ） 24
歌女（ミミズ） **148-149**
土龍／蚯蚓／蜿蟮（ミミズ） 148-149
土産／家苞／門歓（ミヤゲ） 149
苞苴（ミヤゲ） **149-150**
無茶（ムチャ） 152-153
憤懣（ムツカシ） 151
六借（ムツカシ） **150-151**
無手法（ムテッポウ） **152**
無鉄炮／無鉄砲／夢鉄砲（ムテッポウ） 152
無闇／無稽／妄闇（ムヤミ） 152, 154
鰘（メザシ） 78
滅茶（メチャ） 152-153
乙甲／減甲（メリカリ） 154
乙張（メリハリ） **154-155**
減張（メリハリ） 155
曲節（メロディ） 57
面桶（メンツウ） 141
麦蘖（モウト／モルト） 156
皰瘡（モガサ） 24
栬（モミジ） 93
糵（モヤシ） **156**
黄巻（モヤシ） 156

【ヤ】
八九三（ヤクザ） 74
庸劣（ヤクザ） 74
豹脚（ヤブカ） **158**
藪蚊（ヤブカ） 158
邪馬臺（ヤマト） 159
大養徳（ヤマト） **159**
守宮／蝘蜓（ヤモリ） 161-162
壁虎（ヤモリ） **161-162**
鑓（ヤリ） 93
脂茶（ヤンチャ） **162-163**
頑要（ヤンチャ） 163
夕立／暴雨／涷雨（ユウダチ） 163-164
白雨（ユウダチ） **163-164**
湯帷子（ユカタ／ユカタビラ） 165
明衣（ユカタ／ユカタビラ） **164-165**
浴衣／内衣（ユカタ／ユカタビラ） 164-165

[著者略歴]

杉本つとむ

1927年横浜生まれ。

文学博士（東北大学）。早稲田大学名誉教授。

編著書：『杉本つとむ著作選集』（全十巻、八坂書房）に収録の主著の他に、近刊として『語源海』（東京書籍）、『蘭学三昧』（皓星社）、『市民のための国語の授業』（おうふう）、『馬琴、滝沢瑣吉とその言語生活』（至文堂）、『井原西鶴と日本語の世界』（彩流社）、『十八・十九世紀 日魯交流人物史話』（東洋書店）、『漢字百珍』『日本本草学の世界』『蘭学と日本語』『江戸時代 翻訳語の世界』（八坂書房）などがある。

宛字百景——漢字と日本語の結び目をときほぐす

2018年 6月25日　初版第1刷発行

著　者　杉本つとむ
発行者　八坂立人
印刷・製本　モリモト印刷(株)

発行所　(株)八坂書房
〒101-0064 東京都千代田区神田猿楽町1-4-11
TEL.03-3293-7975　FAX.03-3293-7977
URL.: http://www.yasakashobo.co.jp

ISBN 978-4-89694-249-1

漢字百珍 ―日本の異体字入門

明治以前の〈常用漢字〉を紹介し、異体字および漢字全般についての基本的な知識をわかりやすく解説。現代常用漢字の問題点等、教科書や漢和辞典の教えてくれない、目からウロコの情報を満載。

四六　２０００円

江戸時代 翻訳語の世界 ―近代化を推進した訳語を検証する

元素・遺伝・手術・血球・蒸気・鉛筆・植民地・零・接吻・海水浴・麦酒・珈琲・インキ・ラケット……日本の近代を創った《訳語》百余点を選び、その出自を徹底的に検証する、翻訳語史研究の集大成。

Ａ５　８８００円

蘭学と日本語

蘭学は西洋の知識のみならず、言葉の変化をももたらした。蘭学者や通詞たちの功業の知られざる一面に光をあてた、長年にわたる研究成果の精粋。シーボルト蒐集《日本の書物目録》など付録資料も充実。

Ａ５　６８００円

日本本草学の世界 ―自然・医薬・民俗語彙の探究

自然科学であると同時に、生活・実用の学でもあった〈本草学〉。江戸期の主要な本草書を網羅し、その総合的な知の全容にくまなく光をあてる碩学渾身の論集。小野蘭山『飲膳摘要』など付録資料も充実。

Ａ５　４８００円

（価格は本体価格）